T0280859

E-Health: Datenschutz und Datensicherheit

Christoph Bauer · Frank Eickmeier
Michael Eckard

E-Health: Datenschutz
und Datensicherheit

Herausforderungen
und Lösungen im IoT-Zeitalter

Unter redaktioneller Mitarbeit von Kerstin Kafke, Daniela
Klette und Astrid Schwaner

 Springer Gabler

Christoph Bauer
HSBA – Hamburg School of Business und
ePrivacy GmbH
Hamburg, Deutschland

Michael Eckard
ePrivacy GmbH
Hamburg, Deutschland

Frank Eickmeier
UNVERZAGT VON HAVE und
ePrivacy GmbH
Hamburg, Deutschland

ISBN 978-3-658-15090-7   ISBN 978-3-658-15091-4   (eBook)
https://doi.org/10.1007/978-3-658-15091-4

Die Deutsche Nationalbibliothek verzeichnet diese Publikation in der Deutschen Nationalbibliografie; detaillierte bibliografische Daten sind im Internet über http://dnb.d-nb.de abrufbar.

Springer Gabler
© Springer Fachmedien Wiesbaden GmbH 2018

Gedruckt auf säurefreiem und chlorfrei gebleichtem Papier

Springer Gabler ist Teil von Springer Nature
Die eingetragene Gesellschaft ist Springer Fachmedien Wiesbaden GmbH
Die Anschrift der Gesellschaft ist: Abraham-Lincoln-Str. 46, 65189 Wiesbaden, Germany

Vorwort

Die Digitalisierung des Gesundheitswesens hat vor kurzem in Deutschland begonnen und schreitet mit großen Schritten voran. Startups ebenso wie Großkonzerne entwickeln Technologien und Anwendungen, um die Gesundheitsversorgung einer alternden Gesellschaft auch in den kommenden Jahrzehnten zu gewährleisten. Fitnesstracker und andere Analysetools bieten gesundheitsbewussten Patienten die Möglichkeit, ihren Körper rund um die Uhr zu überwachen – und datenverarbeitenden Firmen und Herstellern neue Einnahmequellen.

Bei dieser rasanten Entwicklung werden die Themen Datenschutz und Datensicherheit häufig als Hindernis gesehen, was sie nicht sein müssen. Jedenfalls sind der Datenschutz und die Datensicherheit von enormer Bedeutung: Gesundheitsdaten sind hochsensibel und können in den falschen Händen großen Schaden anrichten. Gerade jetzt, wo viele Produkte und Geschäftsmodelle sich noch in der Entstehung befinden, ist der richtige Moment, um praktikable und sichere Strategien für den verantwortungsvollen Umgang mit sensitiven Gesundheitsdaten zu entwickeln.

Datenschutz ist ein Grundrecht, eine Herausforderung – und ein Wettbewerbsvorteil. Deshalb haben wir uns entschieden, ein Fachbuch als Handreichung für Hersteller, Entwickler, medizinisches Fachpersonal und interessierte Patienten herauszugeben, das sich genau dieser Herausforderung stellt. Wir möchten mit dem vorliegenden Buch praxisnahe Lösungsmöglichkeiten aufzeigen, um eine verantwortungsvolle Datenschutzpraxis schon beim Design der Produkte zu fördern. Dabei beziehen wir schwerpunktmäßig gerade auch das neue Datenschutzrecht (Datenschutz-Grundverordnung) mit ein, das ab Mai 2018 direkte Gültigkeit in allen EU-Ländern hat. Auf weitere landesspezifische Regelungen wird i. d. R. kein Bezug genommen, da diese den Rahmen dieses Buches sprengen würden.

Teil I des Buchs führt in die Entwicklung datenverarbeitender Produkte in der E-Health-Branche ein: Welche Produkte und Technologien gibt es im digitalen Gesundheitsbereich? Welche Daten werden mit welchen Methoden erhoben und zu welchen Zwecken (Kap. 1)? Wie entwickelte sich der E-Health-Markt in den vergangenen Jahren (Kap. 2)?

Teil II stellt die aktuellen Herausforderungen rund um Datenschutz und Datensicherheit bei E-Health zusammen und nennt Lösungsansätze: Welche Grundprinzipien des Datenschutzes müssen Anbieter von E-Health-Produkten einhalten (Kap. 3)? Welche rechtlichen Rahmenbedingungen beeinflussen die digitale Gesundheitsbranche in Deutschland (Kap. 4)? Welche wichtigen rechtlichen Anforderungen existieren zusätzlich international (Kap. 5)? Welche technischen Anforderungen müssen Anbieter erfüllen, um Datensicherheit zu gewährleisten (Kap. 6)?

In Teil III bieten die Ergebnisse empirischer Studien Einblicke in den aktuellen Stand von Datenschutz und Datensicherheit bei E-Health-Produkten (Kap. 7 und 8). Das Abschlusskapitel fasst gebündelt und praxisnah die konkreten technischen bzw. rechtlichen Anforderungen für die Bereiche Datenschutz und Datensicherheit zusammen (Kap. 9).

Wir hoffen, Ihnen damit eine erste Orientierung im unübersichtlichen Feld der technischen und juristischen Anforderungen an Datenschutz und Datensicherheit im Bereich E-Health zu geben. Unser großer Dank gilt Kerstin Kafke, Daniela Klette, Britt Petersen und Astrid Schwaner für die inhaltliche Mitwirkung, für viele weitere Hinweise und die umfassende Redaktion des Buches.

Hamburg   Prof. Dr. Christoph Bauer
im Mai 2017   Dr. Frank Eickmeier
                                                                              Michael Eckard

Inhaltsverzeichnis

Teil I

Das Internet der Dinge

Der vernetzte Alltag und Daten

Christoph Bauer

Der Wecker reißt Sie jäh aus dem Schlaf, denn Ihr smartes Armband zeigt an, dass Sie nach einer unruhigen Schlafperiode gegen 03.00 Uhr nun um 06.17 Uhr das Ende einer Tiefschlafphase erreicht haben und es die beste Zeit ist, aufzustehen. Hoch motiviert gehen Sie joggen, das smarte Armband misst Ihren Puls, Ihre Laufgeschwindigkeit und die zurückgelegte Strecke: Heute sind Sie trotz des nächtlichen Aufwachens ziemlich fit. Die eingebauten Sensoren haben außerdem Ihrem Schweiß entnommen, dass Sie heute besonders viel Vitamin C brauchen. Daher schneiden Sie sich nach der Laufrunde die empfohlenen Obststücke klein, als Ihnen Ihr Smartphone eine Push-Meldung sendet, dass Sie vor dem Frühstück ihr blutdrucksenkendes Medikament einnehmen müssen. Sie tun das, klicken auf „erledigt" und Ihr Hausarzt erhält sogleich die Nachricht, dass Sie das Medikament wie vorgeschrieben genommen haben und dass Ihre Packung in sieben Tagen leer sein wird. Seine Praxis sendet daher automatisch ein neues elektronisches Rezept an die Apotheke Ihres Vertrauens und diese wird Sie morgen Vormittag mit einer Push-Meldung daran erinnern, es in der Mittagspause abzuholen.

Die Digitalisierung hat neben anderen Lebensbereichen auch den Bereich der Gesundheit erfasst. Menschen haben immer ihren Körper und seine Gesundheit beobachtet und erforscht. Nun ist das durch den technischen Fortschritt – die Entwicklung von bezahlbaren Kleinstcomputern, die Smartphonedichte in Industriestaaten und das wachsende Angebot von Gesundheits-Apps – in bisher undenkbar großem Maßstab möglich. Derzeit sind über 100.000 Fitness- und Gesundheits-Apps auf dem Markt.[1] Der Trend, auf seine Gesundheit und Fitness zu achten, verbindet sich heute mit den technischen Möglichkeiten, umfangreiche Körperdaten selbst zu erfassen (Self-Tracking).[2] Dennoch befinden Experten, dass sich die Gesundheitsbranche „noch am Anfang der digitalen

---

[1]Albrecht et al. (2016, S. 69). Siehe auch Lupton (2016, S. 6).
[2]Campillo-Lundbeck (2016).

© Springer Fachmedien Wiesbaden GmbH 2018
C. Bauer et al., *E-Health: Datenschutz und Datensicherheit*,
https://doi.org/10.1007/978-3-658-15091-4_1

Transformation"[3] befindet: Bis die Digitalisierung sich im gesamten Gesundheitssystem Deutschlands durchgesetzt hat, wird wohl noch einige Zeit vergehen. Das individuelle Self-Tracking könnte sich allerdings bald ausbreiten: „Die Verbreitung der Selbstvermessung wird in den kommenden Jahren weiter zunehmen und sich zum Massenphänomen entwickeln, welches fest in die Systeme der Gesundheitswirtschaft integriert ist."[4] Studien belegen das wachsende Interesse an einer elektronischen Speicherung der eigenen Patientendaten gerade bei Patienten, die mindestens einmal pro Monat zum Arzt gehen.[5]

Die Digitalisierung des Gesundheitssystems bietet Chancen, den demografischen Wandel aufzufangen: Unter anderem ermöglicht sie massive Kosteneinsparungen durch vereinfachte digitale Kommunikationswege zwischen Arztpraxen, Versicherern, Krankenhäusern und Patienten sowie durch mehr Eigenverantwortung mündiger Patienten, die ihre Patientenakte künftig digital selbst verwalten.[6] Die Nutzer profitieren davon, dass neue Kommunikationsmedien und -technologien ihren Alltag erleichtern. Der damit einhergehenden „Erosion der Privatsphäre"[7] bringen sie allerdings wenig Aufmerksamkeit entgegen. Vor allem im Bereich des Datenschutzes stellt die Digitalisierung unsere Gesundheitsbranche vor neue Herausforderungen: Von den aktuell angebotenen Apps sind nur die wenigsten anerkannte Medizinprodukte nach dem Medizinproduktegesetz (MPG).[8] Dabei deckt die Zertifizierung als Medizinprodukt die Bereiche Datenschutz und Datensicherheit kaum ab. Die Qualitäts- und Sicherheitsunterschiede sind enorm. Gesundheit, Lifestyle und Fitness vermischen sich auf einem riesigen wachsenden Markt, dessen zahlreiche Anbieter niemand mehr alle kennen kann. Wer welche Daten verarbeitet und an wen weiterleitet, ist oft nicht transparent.

Alle E-Health-Anwendungen basieren jedoch auf den Daten ihrer Nutzer. Diese Daten sind zum Teil höchst sensibel, denn sie verraten viel über den Gesundheitszustand des Nutzers und sollten weder in falsche Hände geraten, noch sollten Medikationen manipuliert werden können. Sowohl Patienten als auch medizinisches Fachpersonal verfügen noch über zu wenig Bewusstsein für Datenschutzrisiken bei Medizin-Apps.[9] Aufgrund der sich schnell weiterentwickelnden Technologien und sich wandelnden Sicherheitsanforderungen ist es für die Anbieter schwierig, dem Datenschutz gerecht zu werden. Bessere Orientierungsmöglichkeiten sowie verlässliche Qualitäts- und Datenschutzstandards sind nötig. Dieses Buch ist als Fachbuch für E-Health-Akteure gedacht, vom Technologieanbieter über medizinisches Fachpersonal bis zum gut informierten Nutzer.

---

[3]BVDW (2016, S. 13).
[4]Andelfinger und Hänisch (2016, S. 51). Siehe auch DIVSI (2016, S. 7).
[5]Stiftung Münch (2015).
[6]Andelfinger und Hänisch (2016, S. 26).
[7]Heckmann (2012, S. 277).
[8]BfArM (2015).
[9]CHARISMHA (2016, S. 316).

1.1 Definition von E-Health, mHealth, Wearables und IoT

Da die Begriffe aus dem Bereich E-Health noch sehr jung sind und sich stetig weiterentwickeln, liegen noch kaum einheitliche Definitionen vor.[10] Bedingung für eine produktive Diskussion über den Umgang mit sensiblen Gesundheitsdaten im Spannungsfeld von Datenschutz und Informationsfreiheit ist jedoch eine klare Definition der Begriffe.[11] Im Folgenden werden die wichtigsten Termini als Grundlage für die weiteren Kapitel definiert.

Beim Oberbegriff **E-Health**[12] folgt dieses Fachbuch der Definition und Schreibweise des Bundesministeriums für Gesundheit: „Unter E-Health fasst man Anwendungen zusammen, die für die Behandlung und Betreuung von Patientinnen und Patienten die Möglichkeiten nutzen, die moderne Informations- und Kommunikationstechnologien (IKT) bieten."[13] Dazu zählen Online-Angebote, z. B. interaktives Gesundheitscoaching, Telemedizin und auch der Bereich Mobile Health, kurz **mHealth.** Diese ebenso junge wie wachstumsstarke Unterkategorie von E-Health kann man als „eine durch Mobilgeräte elektronisch unterstützte Gesundheits-Versorgung"[14] definieren. Hier hat sich die Schreibweise aus der Informatik mit kleinem m bisher durchgesetzt. mHealth umfasst sowohl die mobile Hard- als auch die Software. Vom Oberbegriff E-Health, der beispielsweise auch Krankenhausinformationssysteme umfasst, grenzt sich mHealth durch die Tragbarkeit der verwendeten Geräte ab.

Die Hardware im Bereich mHealth sind neben Smartphones und anderen Kleinstgeräten häufig **Wearables,** am Körper getragene Kleinstcomputer.[15] Gesundheit und Fitness sind laut der International Working Group on Data Protection in Telecommunications zwei Haupteinsatzgebiete von Wearables. Beispiele für Wearables sind etwa Fitnesstracker oder tragbare Messgeräte zur Überwachung des Blutzuckerspiegels und anderer Gesundheitswerte. Die Wirkweise ist bereits manchmal vollautomatisch, beispielsweise beim Diabetiker-Pflaster, das anhand der gemessenen Werte vollautomatisch Insulin abgibt. Wearables liefern künftig voraussichtlich noch bessere Messergebnisse als Smartphones, da sie direkt am Körper getragen werden und zunehmend darauf ausgelegt sind, immer getragen zu werden, beispielsweise smarte Armbanduhren oder Armbänder. Wearables sind entweder mit anderen Geräten, z. B. einem Smartphone oder Computer, über Bluetooth oder andere Sender vernetzt, oder sie übermitteln die Daten direkt über das Internet auf den Server des Anbieters.[16] Bisher ist die Verbreitung von Wearables

---

[10]PWC Strategy& (2016, S. 25 und 33).

[11]Vgl. Bittner (2016).

[12]Vgl. CHARISMHA, 51. siehe DIVSI (2016, S. 82).

[13]BMG (2015). Ähnlich WHO (2016).

[14]CHARISMHA (2016, S. 14). Vergleiche auch ENISA (2015, S. 8).

[15]IWGDPT (2015, S. 1).

[16]DIVSI (2016, S. 94).

in Deutschland noch ziemlich gering. Sie könnten aber in den kommenden Jahren zum Durchbruch des Internet of Things führen.[17]

Das **Internet of Things** (Englisch für „Internet der Dinge", kurz IoT) bezeichnet „die Vernetzung von Gegenständen mit dem Internet, damit diese Gegenstände selbstständig über das Internet kommunizieren und so verschiedene Aufgaben für den Besitzer erledigen können"[18]. Dazu zählen im Gesundheitsbereich Wearables oder die elektronische Krankenversicherungskarte.

Die Software für mHealth-Produkte sind die sogenannten **Medizin-Apps**[19] **oder Medical Apps.** Darunter verstehen wir Anwendungen (engl. „Application", kurz „App"), die Heilberufsgruppen im Berufsalltag assistieren sollen oder die den Patienten bei der Bewältigung einer Krankheit unterstützen. Das kann beispielsweise durch die Speicherung oder Auswertung von Patientendaten, Erinnerungen an die Einnahme von Medikamenten oder Behandlungshinweise geschehen. Im engeren Sinne sind Medizin-Apps nur solche Apps, die unter die strengen Regularien für Medizinprodukte hinsichtlich Sicherheit, Verkehrsfähigkeit und Überwachung (z. B. Medizinproduktegesetz) fallen. Im weiteren Sinne des Gesundheitsbegriffs zählen hierzu auch Fitness- und Wellness-Apps. Für die Zuordnung eines mHealth-Produktes zu den Lifestyle-Produkten oder den echten Medizinprodukten ist der Hersteller selbst verantwortlich.[20] Für den Blick auf Datenschutz und Datensicherheit ist diese Zuordnung nicht so bedeutend, da es hier darum geht, welche (sensiblen) personenbezogenen Daten verwendet und wie sie gesichert werden.

Ein weiterer Anwendungsbereich von E-Health ist die **Telemedizin.** Darunter verstehen wir „den Einsatz von Telekommunikations- und Informationstechnologien im Gesundheitswesen zur Überwindung einer räumlichen Trennung zwischen Patient und behandelndem (Zahn-)Arzt sowie zwischen mehreren Ärzten [...]"[21].

Mithilfe von Smartphones und Wearables kann der Nutzer seine Gesundheitswerte selbst erfassen, beim sogenannten **Self-Tracking**[22]. Der Nutzer schafft sich so ein **Quantified Self,** indem er den eigenen Körper komplett vermisst und erfasst. Werden (Gesundheits-)Daten in großer Menge zusammengeführt, kann man von **Big Data** sprechen als der „Verarbeitung von großen, komplexen und sich schnell ändernden Datenmengen [...,] um bisher verborgene Zusammenhänge sichtbar und nutzbar zu machen"[23]. In der **Gesundheitswirtschaft** wird Big Data z. B. zu Forschungszwecken, zur Verbesserung der Versorgung oder zur effizienteren Planung von Ressourcen in

---

[17]PWC (2015, S. 4 ff.).

[18]Springer Gabler Verlag (2016).

[19]Vgl. BfArM (2015).

[20]Vgl. BfArM (2015).

[21]BZÄK und KZBV (2015, S. 16).

[22]Andelfinger und Hänisch (2016, S. 54).

[23]DIVSI (2016, S. 6).

einem Krankenhaus verwendet. Beim Gesundheitsmarkt ist zu guter Letzt zwischen dem **ersten (staatlich finanzierten) und zweiten (privat finanzierten) Gesundheitsmarkt** zu unterscheiden.[24]

1.2 Sammlung und Nutzung von Daten

Um Gesundheits- oder Fitness-Anwendungen zu nutzen, muss der Nutzer gezwungenermaßen Daten über seine Person eingeben oder der Datenerhebung zustimmen. Ob die Verarbeitung der Daten dem Datenschutz unterliegt, hängt von der Qualität der Daten ab. Für den Bereich Datenschutz relevant sind grundsätzlich alle **personenbezogenen Daten.** Diese umfassen Informationen über den Nutzer wie Name, Adresse, Kontaktinformationen, aber auch Gerätekennungen, Standortdaten, Login-Daten und alle anderen Informationen über eine identifizierte oder identifizierbare natürliche Person. Auch Filmaufnahmen und Fotos vom Nutzer oder von Dritten stellen schützenswerte Daten dar.

Als **Gesundheitsdaten** werden alle personenbezogenen Daten betrachtet, die Aufschluss über die physische oder psychische Gesundheit einer Person geben. Dazu gehören auch Daten über ärztliche Behandlungen oder Vorsorgemaßnahmen sowie Einzeldaten, die in Kombination mit anderen personenbezogenen Daten Rückschlüsse über den Gesundheitszustand oder gesundheitliche Risiken des Nutzers zulassen. Auch reine **Lifestyledaten,** die den Lebensstil oder Verhaltensmuster einer Person beschreiben, können als Gesundheitsdaten betrachtet werden, wenn sie Rückschlüsse auf den Gesundheitszustand des Nutzers zulassen. Innerhalb der Gesundheitsdaten lassen sich des Weiteren besonders sensitive Datengruppen unterscheiden, etwa biometrische Daten und genetische Daten, die explizit als besondere personenbezogene Daten in Datenschutzgesetzen genannt sind und damit unter erhöhtem Schutz stehen. Allerdings stehen Gesundheitsdaten generell unter erhöhtem Schutz durch die entsprechende Erwähnung in den Datenschutzgesetzen.[25]

Mögliche Instanzen, die Gesundheitsdaten erheben und verarbeiten, sind private und öffentliche Gesundheitsdienstleister, Beteiligte der Abrechnungsverfahren, unterschiedliche Kontroll- und Qualitätssicherungsinstitutionen (z. B. Krebsregister), IT-Dienstleister, Forschungseinrichtungen, Geräte und Anwendungen der Wellness- und Lifestylewirtschaft wie Fitnesstracker, Plattformen, soziale Netzwerke und Selbsthilfeforen im Internet sowie Statistiken und soziodemografische Datenerhebungen.[26]

---

[24]BMG (2016a).
[25]Vgl. DSGVO. Art. 9.
[26]Weichert (2014, S. 833 f.).

1.2.1 Anwendungsbeispiele für Tracking-Methoden bei E-Health

Die Hauptquelle für die Sammlung von personenbezogenen Daten in großen Mengen (Big Data) ist das **Tracking,** bei dem durchgehend von Geräten wie Smartphones oder Wearables bestimmte Daten erfasst und teilweise in Echtzeit an Server oder Anbieter übertragen werden.[27] Tracking kann man definieren als „die kontinuierliche Aufzeichnung bestimmter Einzelinformationen in ihrem zeitlichen Verlauf [...], die sich in der Gesamtbetrachtung zu einem Erkenntnis erweiternden Datensatz zusammensetzen"[28].

Die personenbezogenen Daten können über verschiedene Tracking-Methoden gesammelt werden, die sich stetig weiterentwickeln und sich auch je nach Desktop- oder mobiler Nutzung unterscheiden. Das bekannteste Hilfsmittel bei Besuch von Webseiten sind die **Browser-Cookies,** „einfache Textdateien [...], die auf dem Endgerät eines Nutzers (z.B. Computer, Tablet, Smartphone) abgelegt werden und die Wiedererkennung des Nutzers ermöglichen"[29]. Neben Cookies gibt es Web-Browser-basierte Alternativen, beispielsweise das Fingerprinting, Common IDs, eTag, Local Storage, Flash-Cookies und Authentification Cache, sowie Alternativen für mobile App-Browser, etwa die Advertiser IDs von iOS und Android.[30] So muss sich beispielsweise der Nutzer eines Gesundheitsforums im Internet nicht jedes mal erneut identifizieren, wenn er zwischen den Unterseiten des Forums wechselt.

Die **Tracking-Methoden bei IoT, Wearables und Apps** sind sehr zahlreich, daher sollen hier nur zwei Beispiele genannt werden: **Beacons** verwenden eine auf einer energiesparenden Bluetooth-Technologie basierende Funktechnologie, die mit einer Reichweite von bis zu 50 m Signale von kleinen Sendern an Smartphones in der Umgebung sendet. Sender und Empfänger werden Beacons genannt.[31] Beacons machen die genaue Ortung von Nutzern und Gegenständen auch innerhalb geschlossener Räume möglich.[32] Im Gesundheitsbereich können sie die häusliche Nachsorge nach Krankenhausaufenthalten oder Kuren oder die häusliche Pflege erleichtern, indem sie Nachrichten beispielsweise dann auf die Smartwatch des Patienten senden, wenn der Patient in die Nähe eines Gegenstandes kommt, den er benutzen soll, beispielsweise in der Küche an Flüssigkeits- oder Nahrungsaufnahme erinnert oder in der Nähe der Waage an die Gewichtskontrolle. Health-Beacons können auch einen Alarm auslösen, wenn der Patient das Haus verlässt, ohne seinen Gehstock, Schlüssel oder sein Handy mitzunehmen.[33] Sie verfolgen also jede Bewegung des Nutzers und zeichnen somit ein detailliertes Bewegungsprofil.

---

[27]DIVSI (2016, S. 10 und 24 f.).

[28]DIVSI (2016, S. 25).

[29]BVDW (2015, S. 5).

[30]BVDW (2015, S. 1).

[31]Onlinemarketing.de (2016).

[32]Sperling (2014).

[33]De Lio (2016).

Die Tracking-Technologie der **Near Field Communication** (NFC) ermöglicht über einen Chip die Verifizierung von Personen. Im Gesundheitsbereich ist ihr Einsatz beispielsweise zum Öffnen einer Tür im Krankenhaus oder beim Kauf von verschreibungspflichtigen Medikamenten denkbar. Des Weiteren können **GPS-Sender** den Aufenthaltsort und Bewegungsprofile von Nutzern eines Smartphones oder eines smarten Armbands erfassen. Diverse **medizinspezifische Sensoren** messen Gesundheitswerte wie den Puls, die Zusammensetzung des Schweißes oder ähnliches.[34]

1.2.2 Nutzerprofilerstellung

Auf diese Weise erhobene, scheinbar unzusammenhängende und im Einzelnen nicht sensitive Daten können, wenn sie zusammengeführt werden, genaue Rückschlüsse auf die betroffene Person, ihr Verhalten, ihre Gewohnheiten sowie ihren Gesundheitszustand zulassen. Sie machen somit die Bildung detaillierter Profile realer Personen möglich.[35] Man spricht bei der Zusammenführung und Auswertung von Daten zu Big Data von **Aggregierung.** Oft sammeln Dritte Daten aus verschiedenen Quellen und werten sie mithilfe von **Algorithmen** aus. „Die ordnenden und verknüpfenden Algorithmen, die hier zum Einsatz kommen, erreichen schon heute eine ungeahnte Tiefe und Komplexität."[36]

Zum Erkenntnisgewinn und wissenschaftlichen Fortschritt tritt hierbei ein Datenschutzproblem: Der Nutzer bekommt die Profilerstellung aufgrund fehlender, intransparenter oder schlicht nicht gelesener Datenschutzerklärungen oft gar nicht mit. Experten sprechen daher von „einer neuen Generation von Herausforderungen für den Datenschutz"[37] durch die Aggregierung von Daten. Gesteigert wird das Datenschutzproblem durch die zunehmende Ortsbezogenheit und die Permanenz der Datenverarbeitung bei mobiler Internetnutzung: Wearables, Smartphones etc. „generieren komplette Datenspuren, die über bisherige Grenzen der verschiedenen Lebensbereiche hinweg verknüpft werden können"[38].

---

[34]Siehe zu weiteren Anwendungsbeispielen Kap. 2.

[35]IWGDPT (2015, S. 5–6).

[36]Seemann (2012, S. 246).

[37]IWGDPT (2015, S. 5–6).

[38]Lewinski (2012, S. 31 f.). Siehe auch Lüke (2012, S. 161).

1.2.3   Ziele der gesundheitsspezifischen Nutzung der Daten

Ziel der gesundheitsspezifischen Nutzung der Daten bei E-Health-Anwendungen ist zunächst die Verbesserung der medizinischen Behandlung[39], einerseits durch die Optimierung der Kommunikation und der Arbeitsteilung innerhalb des medizinischen Bereichs, andererseits durch die genauere Kenntnis der Gesundheitsdaten des einzelnen Patienten. Die Gesundheitsdaten von Patienten können durch digitale Kleinstgeräte genau, kontinuierlich, dezentral und unauffällig aufgezeichnet und analysiert werden. Die Daten können sowohl für den Patienten als auch für alle jemals behandelnden Ärzte digital verfügbar gemacht werden. Durch die kontinuierliche Überwachung von Vitalparametern können Krankheiten früher erkannt und Krankheitsrisiken minimiert werden.[40]

Auch **Big Data** trägt zur Verbesserung der Behandlung bei: „Gerade die Aggregation und Auswertung von Daten vieler Personen soll dazu führen, dass mehr über die Krankheit und mögliche Therapieformen bekannt wird. Genauso können auf diese Weise Vorsorge und Früherkennung von Krankheiten verbessert werden."[41]

Telemedizin macht die Kommunikation zwischen Patient und Arzt über größere Distanzen hinweg möglich, was besonders für ältere, wenig mobile Patienten und für ländliche, von Ärztemangel betroffene Regionen wichtig ist. Die Pflege und Betreuung hilfsbedürftiger Personen kann durch den Einsatz smarter Gegenstände in den eigenen vier Wänden, dem **Ambient Assisted Living** (AAL), verbessert werden. Durch die digitale Datenübertragung können beispielsweise auch entfernt lebende Angehörige sehen, wie es ihren Verwandten geht.[42]

Neben diesen Verbesserungen ist die Reduzierung von Gesundheitskosten ein wichtiger Pluspunkt der Digitalisierung[43]: Beispielsweise durch spielerische Elemente (**Gamification**) und soziale Einbindung (**Social Proof**)[44] bei Gesundheits-Apps kann die Motivation zur Prävention erhöht werden. Auch die Einflussnahme auf ein gesundheitsförderndes Verhalten der Patienten durch Bonus- und Malussysteme ist denkbar. So fallen langfristig weniger Behandlungskosten an.

Durch vereinfachte digitale Kommunikationswege – beispielsweise durch die digitale Übertragung von Dokumenten wie Röntgenbildern – spart medizinisches Personal Zeit und damit Kosten. Der erste Schritt zur Digitalisierung der Kommunikation zwischen Praxen und Krankenhäusern mithilfe einer sicheren Telematikinfrastruktur war die Einführung der **elektronischen Gesundheitskarte (eGK)**.[45] Die eGK ist seit Jahresbeginn

---

[39]Weichert (2014, S. 834). Siehe auch Andelfinger und Hänisch (2016, S. 7).

[40]Andelfinger und Hänisch (2016, S. 8).

[41]DIVSI (2016, S. 9).

[42]Weichert (2014, S. 834).

[43]Weichert (2014, S. 834). Siehe auch Andelfinger und Hänisch (2016, S. 74).

[44]CHARISMHA (2016, Ş. 55). Siehe auch Andelfinger und Hänisch (2016, S. 41, 44–45).

[45]BMG (2016b).

2015 in Deutschland Pflicht. Seit 2001 war sie in Arbeit mit dem Ziel, Informationen zu jedem Patienten digital zu bündeln, um beispielsweise Wechselwirkungen zwischen verschiedenen Medikamenten zu vermeiden.[46] Bisher enthält die Karte jedoch nur die Versicherungsnummer, die Kontaktdaten des Versicherten, sein Foto, die Angabe seines Geschlechtes und auf der Rückseite die europäische Krankenversicherungskarte für Behandlungen im Ausland. Diese administrativen Funktionen dienen dazu, den bürokratischen Aufwand zu reduzieren.

Im „Gesetz für sichere digitale Kommunikation und Anwendungen im Gesundheitswesen (**E-Health-Gesetz**)" wurde am 21. Dezember 2015 neben den bereits umgesetzten Maßnahmen festgelegt, dass ab 2018 die Speicherung von Notfalldaten wie Vorerkrankungen und Allergien sowie des Medikationsplans für Menschen, die drei oder mehr Arzneimittel einnehmen, auf der eGK möglich sein muss.[47] Diese medizinischen Funktionen sollen auf freiwilliger Basis „die Qualität der medizinischen Versorgung […] verbessern und gleichzeitig die Rolle der Patienten […] stärken"[48]. So sind künftig bei Notfällen sofort alle wichtigen Daten abrufbar und Fehler können verhindert werden. Durch das Erfassen aller Medikationen kann Wechselwirkungen zwischen Medikationen, die von verschiedenen Stellen verordnet wurden, vorgebeugt werden.

Das E-Health-Gesetz sieht des Weiteren vor, dass bis Ende 2018 die Voraussetzungen dafür geschaffen werden müssen, dass auf der eGK auch eine **elektronische Patientenakte (ePA)** und ein elektronischer Arztbrief inklusive Befunden, Diagnosen, Therapieempfehlungen und Behandlungsberichten gespeichert werden können. Behandlungen werden so für Patienten und Ärzte nachvollziehbar dokumentiert, sodass die „Qualitätstransparenz"[49] erhöht und die Behandlung verbessert wird: Teure Mehrfachuntersuchungen wie doppeltes Röntgen können vermieden werden und mehrere behandelnde Ärzte können Maßnahmen und Medikationen besser aufeinander abstimmen. Zusätzlich sollen die Daten von der Karte auch in einem elektronischen „Patientenfach" abgelegt werden, in das der Patient auch eigene Messwerte eintragen und das er von zu Hause aus einsehen kann.[50]

Der Patient hätte durch das geplante elektronische Patientenfach den Vorteil, dass er selbstbestimmter über seine Gesundheitsdaten verfügen und einen Überblick gewinnen könnte, während die Daten heute verstreut bei verschiedenen Ärzten liegen.[51] Vielleicht wird der souveräne Patient dank der unkomplizierten Möglichkeit, Daten über seinen

---

[46]Andelfinger und Hänisch (2016, S. 98).
[47]BMG (2016b).
[48]Andelfinger und Hänisch (2016, S. 100).
[49]Bittner (2016).
[50]BMG (2016b). Siehe auch Jähn (2015).
[51]DIVSI (2016, S. 100).

Gesundheitszustand selbst einzusehen, seltener einen Arzt aufsuchen, um Auskunft zu erbitten. So trägt auch die Datensouveränität des Patienten[52] zur Kostenersparnis bei.

Die Vorstellung, die kompletten Gesundheits- und Krankheitsdaten eines Patienten zu digitalisieren, kann Ängste in Bezug auf Datenmissbrauch wecken. Digitale Kommunikationswege bieten jedoch auch die Chance, den Datenschutz zu erhöhen. Denn auf den klassischen Kommunikationswegen wie Post und Fax gehen immer wieder Patientendaten verloren oder geraten in falsche Hände. Eine hinreichend verschlüsselte elektronische Gesundheitskarte kann dem Abhilfe schaffen und auch Abrechnungsbetrug verhindern.[53] Maßnahmen für den Datenschutz sind hauptsächlich die verschlüsselte Speicherung der Daten sowie das „Zwei-Schlüssel-Prinzip" bei ihrer Auslesung: Ein Heilberufsausweis und die PIN-Eingabe durch den Patienten sind nötig, um die Informationen auf der eGK auszulesen (eine Ausnahme bilden auf Wunsch jederzeit auslesbare Notfalldaten).[54]

1.2.4 Weitergehende Nutzung der Daten

Viele Apps und Geräte sind kostenlos oder sehr günstig, da der Nutzer nicht mit Geld den vollen Aufwand für das Produkt oder den Service zahlt, sondern mit seinen Daten.[55] Das ist mittlerweile vielen Nutzern gerade bei sozialen Netzwerken bekannt, aber „[…] wie viel die Daten wert sind, wird erst klar, wenn man gegen Zahlung eines entsprechenden Betrages alternativ auch auf diese Angabe von Daten verzichten könnte"[56].

Bei sensiblen Gesundheitsdaten ist sehr bedeutend, was mit diesen Daten über die gesundheitsspezifische Nutzung, zu der das Gerät oder die App angeschafft wurde, hinaus geschieht. Experten warnen: „Unternehmen beschränken sich nicht auf das konkrete und für die Verbraucherseite verständliche Maß an Datenerhebung, -nutzung und -weitergabe."[57] Denn die angegebenen Nutzerdaten sind – vor allem in Aggregation mit weiteren Daten aus verschiedenen Quellen zu Big Data – für verschiedenste Dritte interessant.

Die großflächige und kontinuierliche Erhebung von Gesundheitsdaten durch Tracking kann helfen, die medizinische **Forschung** durch eine breitere statistische Basis zu verbessern, wie es Befürworter von Big-Data-Anwendungen vorhersehen. Denn Nutzer können über Mobilgeräte niedrigschwellig viele Daten beispielsweise über Ernährungs- oder Bewegungsgewohnheiten oder körperliche oder emotionale Zustände auf Server übertragen. Forschern fällt es damit leichter, Probanden zu gewinnen, die

---

[52]Bittner (2016).
[53]Andelfinger und Hänisch (2016, S. 101). Siehe auch Bartmann (2012, S. 183 ff.).
[54]BMG (2016b).
[55]CHARISMHA (2016) und Lüke (2012, S. 158).
[56]Lüke (2012, S. 160).
[57]Lüke (2012, S. 156).

sie dezentral über Wearables überwachen können. Die Hürden zur Teilnahme an Tests werden so abgebaut.[58]

Statistische Auswertungen von Big Data versprechen genauere Prognosen über Verhaltensweisen von Personen. In den USA werden Big-Data-Auswertungen bereits zum Scoring für Einstellungsverfahren oder Bewertung der Bonität verwendet.[59] Problematisch ist dabei, dass die betroffenen Personen der Aggregierung ihrer Daten meist nicht zugestimmt haben, und dennoch beispielsweise auf dieser Datenbasis ein Kredit verweigert wird. Für Unternehmen ist die Menge der Daten in ihrem Besitz ein Wettbewerbsvorteil: Viele Firmen haben die Aggregierung und Auswertung von Daten zu ihrem Geschäftsmodell gemacht, auch spezialisiert auf die Gesundheitsbranche.[60] Das ist besonders für die Werbebranche relevant: Wer die Menschen kennt, kann ihnen personalisierte **Werbung** senden und so genau seine Zielgruppe erreichen.

Problematisch ist, dass die Grenze zwischen medizinischem Bereich und Lifestyle fließend ist. Insbesondere durch mHealth-Anwendungen vermischen sich diese Bereiche, da viele Geräte und Apps werberelevante Daten sammeln, die nichts mit dem originären Nutzen des Produktes zu tun haben. Sie können jedoch zu Werbezwecken weiterverkauft werden und verbunden mit weiteren Daten ein umfassendes Profil mit höchst sensiblen Informationen ergeben.[61]

1.3 Anforderungen an Datenschutz und Datensicherheit

Deshalb ist es wichtig, gerade bei E-Health auf guten **Datenschutz** zu achten. Laut dem Grundgesetz hat jeder Mensch das Recht auf informationelle Selbstbestimmung (Datensouveränität).[62] Datenschutz bezeichnet die Maßnahmen, die sicherstellen, dass „[...] Menschen selbstbestimmt über die Weitergabe und Verwendung ihrer persönlichen Daten entscheiden können – auch und insbesondere, um ihre Privatsphäre zu wahren"[63]. Die **Datensicherheit** als „Schutz der Datenverarbeitung vor unbefugten Eingriffen"[64] ist ein elementarer Teil des Datenschutzes – vor allem auch für Organisationen und Unternehmen, die Daten verarbeiten. Der Datenschutz geht aber über die Datensicherheit hinaus, indem er die Perspektive betroffener Personen berücksichtigt, deren Daten verarbeitet werden.[65]

---

[58]DIVSI (2016, S. 89 und 99 f.).

[59]Weichert (2012, S. 346).

[60]DIVSI (2016, S. 98).

[61]Weichert (2014, S. 833).

[62]Pramann (2016, S. 215).

[63]Trepte (2012, S. 59).

[64]Lewinski (2012, S. 29).

[65]Rost (2012, S. 355). Für weitere Informationen zu Grundsätzen des Datenschutzes siehe Kap. 3.

Im E-Health-Bereich ist der Datenschutz besonders wichtig, da Gesundheitsdaten von höchster Sensibilität und Schicksalshaftigkeit für die Betroffenen verarbeitet werden. Gerade bei genetischen Daten kann Missbrauch die Betroffenen „in eine Situation hoher Verletzlichkeit bringen"[66]. Die individuelle Einzigartigkeit der Gesundheitsdaten macht sie zu einem eindeutigen Identifikator: „[I]m medizinischen Bereich [ist] eine Anonymisierung von Daten oft nur schwer oder überhaupt nicht möglich"[67]. Selbst wenn persönliche Angaben wie Name, Adresse und Geburtsdatum vor der Aggregierung der Datenbestände gelöscht werden, können durch die Kombination mit anderen Datenquellen Rückschlüsse auf die Identität des Betroffenen gezogen werden. Um Betroffene innerhalb von Big-Data-Analysen zu schützen, ist eine Deidentifikation nötig, bei der auch die Daten verschlüsselt oder gelöscht werden, die bei der Aggregierung die Identifikation möglich machen.[68]

Beim Einsatz von Big Data im Gesundheitsbereich gehen von privatwirtschaftlichen Unternehmen und öffentlichen Stellen Datenschutzrisiken der Manipulation und Diskriminierung aus.[69] Deswegen ist es nicht verwunderlich, dass Fragen des Datenschutzes und der Datensicherheit neben der Gleichbehandlung von Patienten die meistdiskutierten Risiken im E-Health-Bereich sind.[70]

Wearables vergrößern die Risiken des Datenschutzes für Nutzer, die bereits durch Smartphones vorhanden sind, indem sie unauffällig, permanent und in Echtzeit vermutlich als besonders sensibel und personenbezogen anzusehende Daten sammeln. So können durch Kamera-Funktionen auch unbeteiligte Dritte gefilmt oder fotografiert werden, ohne es überhaupt zu bemerken.[71] Kommunikation der Wearables mit anderen Geräten in der Umgebung machen den Nutzer stets identifizierbar und seinen Standort bestimmbar.

Das Tracking der eigenen Gesundheitsdaten kann außerdem die persönliche Entfaltung beeinträchtigen[72]: Bonus- oder Malussysteme können die Wahlfreiheit bei der Gesundheitsbehandlung einschränken oder zur Diskriminierung oder Schlechterbehandlung von Gruppen führen.[73] Die Nutzung der sensiblen Daten zu Werbezwecken kann Patienten in gesundheitlich prekären Lagen der kommerziellen Ausbeutung durch gezielte verhaltensmanipulierende Werbung aussetzen.[74] Auch individualpsychologisch kann die Zumutung von zu viel Wissen – beispielsweise über die genetische Disposition,

---

[66]Weichert (2014, S. 831).

[67]Weichert (2014, S. 832).

[68]Weichert (2014, S. 835). Siehe auch PWC Strategy& (2016, S. 72).

[69]Weichert (2014, S. 834).

[70]Weichert (2014, S. 835). Siehe auch PWC Strategy& (2016, S. 90) und CHARISMHA (2016, S. 176 ff.).

[71]IWGDPT (2015, S. 2 und 7).

[72]Weichert (2014, S. 834).

[73]Weichert (2014, S. 835).

[74]Weichert (2014, S. 835).

eine bestimmte Krankheit zu erleiden – psychische und physische Beeinträchtigungen hervorrufen: „So könnten durch bestimmte Muster in Big-Data-Analysen Wahrscheinlichkeitsaussagen getroffen werden, die für ausgewählte Gruppen Krankheiten vorhersagen. Diese würden eventuell zwar gar nicht auftreten, die Vorhersagen hätten aber dennoch negativen Einfluss auf diesen Personenkreis – etwa durch Ängste oder Verhaltensänderung."[75]

Erfahren Dritte Details der hochsensiblen Gesundheitsdaten, kann dies zu Diskriminierung und Stigmatisierung[76] führen – gerade bei Krankheiten wie HIV oder Depression. Die frühzeitige und möglicherweise unnötige Stigmatisierung von Personen in Risikogruppen für eine Krankheit könnte Schwierigkeiten beim Abschluss einer Krankenversicherung oder der Bewerbung um eine Festanstellung verursachen.[77]

Nicht einmal die Datensicherheit ist bei Medical Apps momentan gewährleistet: Eine Studie der Beratungs- und Zertifizierungsfirma ePrivacy fand heraus, dass bei über 80 % der getesteten Apps die Login-Daten durch Dritte abgefangen werden konnten.[78] Die Manipulation von Daten wie Blutzuckerwerten durch Dritte kann zu Fehldiagnosen und Fehlbehandlungen mit schlimmstenfalls gravierenden Folgen führen.[79] Besonders bei völlig selbstregulierenden Systemen wie einer „künstlichen Bauchspeicheldrüse"[80], die abhängig von den aktuellen Messwerten eines Pflasters eigenständig Insulin spritzt, ist die konkrete physische Gefahr offensichtlich.

Ein solcher Hacking-Angriff ist auch in größerem Stil denkbar und würde dann eine Gefahr für die gesamte Gesellschaft und den Staat darstellen: Ein Angriff auf lebenswichtige informationstechnisch gesteuerte Einrichtungen wie Krankenhäuser im Rahmen eines Cyber Warfare könnten gravierende gesundheitliche Folgen für zahllose Menschen haben.[81]

Doch auch weniger dramatische Szenarien mahnen zu Bemühungen um guten Datenschutz: Wird die Vertraulichkeit, die Patienten im Umgang mit ihren Gesundheitsdaten erwarten, durch unsichere Systeme und Datenlecks kompromittiert, kann das zu einer verminderten Inanspruchnahme der Hilfeleistungen führen und somit die Versorgung verschlechtern.[82]

Der Einsatz von Big Data für Forschungszwecke birgt ein wichtiges Fehlerrisiko: Korrelationen sind nicht gleich Kausalitäten, daher sind Erkenntnisse aus Big-Data-Analysen gerade im Gesundheitsbereich für wissenschaftliche Schlüsse mit Vorsicht zu

---

[75]DIVSI (2016, S. 91). Siehe auch Weichert (2014, S. 834 f.).
[76]Andelfinger und Hänisch (2016, S. 17).
[77]Bartmann (2012, S. 178 f.).
[78]ePrivacy (2015, S. 3).
[79]CHARISMHA (2016, S. 26), ePrivacy (2015, S. 3).
[80]Andelfinger und Hänisch (2016, S. 46).
[81]Weichert (2012, S. 350).
[82]Weichert (2014, S. 834).

genießen.[83] Gesellschaftlich kann das durchgehende Tracking von Gesundheitsdaten zu einer Neudefinition von Verhaltens- und Körperidealen führen, die einen „erhöhten Anpassungsdruck" bewirken und zur Nutzung von Wearables zwingen könnte[84]: Durch das flächendeckende Tracking kann sich ein gesellschaftlicher Imperativ herausbilden und Anpassungsdruck durch neue Modelle einer gesunden und einer krankmachenden Lebensweise ausüben: „Die Nutzung von Big-Data-Technologien und die darauf basierende Profilbildung erhöhen den Anpassungsdruck zu konformem und unauffälligem Verhalten."[85] Das ist ein Risiko für die Solidargemeinschaft: Der Gedanke, dass jeder für seine Gesundheit selbst aktiv verantwortlich ist, kann zu „rationaler Diskriminierung"[86] und sogar zum Ende des Solidarprinzips[87] führen.

Mangelnder Datenschutz stellt ein großes finanzielles und geschäftliches Risiko für Unternehmen der Gesundheitswirtschaft dar, wenn diese aus diesem Grund in die öffentliche Kritik geraten. Eine Meinungsumfrage in den USA und Großbritannien zu Wearables hat deutliche Datenschutzbedenken von Verbrauchern gegenüber Wearables gezeigt. Demnach ist „ein hohes Datenschutzniveau Voraussetzung für die öffentliche Akzeptanz und letztlich dafür, dass Daten überhaupt zur Verfügung gestellt werden"[88]. Die Studie kommt daher zu dem Schluss, dass nur bei erfolgreichem Schutz der Nutzerdaten das volle Potenzial der Wearables ausgeschöpft werden kann.[89] Auch in Deutschland befürchten laut einer Studie rund 70 % der Befragten Datenschutzmängel bei der Übertragung und Verarbeitung medizinischer Daten.[90]

Die Umsetzung eines hohen Datenschutz-Niveaus im E-Health-Bereich ist für die Anbieter daher zwar eine Herausforderung, aber auch eine Chance, das Vertrauen ihrer potenziellen Kunden zu gewinnen. Natürlich besteht augenblicklich die Möglichkeit, dass Firmen in Staaten, die den Datenschutz momentan weniger regulieren, schneller Innovationen auf den Markt bringen können. Künftig könnte der Vorsprung Europas und zumal Deutschlands in Datenschutzfragen jedoch ein Wettbewerbsvorteil sein: „Ein Siegel ‚Privacy made in Germany' oder ‚Privacy made in Europe' sollte Verkaufsargument werden."[91]

---

[83]Weichert (2014, S. 834).

[84]DIVSI (2016, S. 11).

[85]DIVSI (2016, S. 24).

[86]Andelfinger und Hänisch (2016, S. 63–65).

[87]DIVSI (2016, 100 f.).

[88]Weichert (2014, S. 835). Siehe auch PWC Strategy& (2016, S. 44).

[89]IWGDPT (2015, S. 5).

[90]YouGov (2016).

[91]DIVSI (2016, S. 115), Siehe auch Heckmann (2012, S. 276).

Literatur

Albrecht, U.-V./Höhn, M./von Jan, U. (2016): Kapitel 2. Gesundheits-Apps und Markt; erschienen in Albrecht, U.-V. (Hrsg.) (2016), Chancen und Risiken von Gesundheits-Apps (CHARISMHA). Medizinische Hochschule Hannover, S. 62–82. Zitiert als: CHARISMHA 2016, S.

Lupton, Deborah (2016): Digital Health Technologies and Digital Data: New Ways of Monitoring, Measuring and Commodifying Human Embodiment, Health and Illness; erschienen in Olleros u. a. (Hrsg.) (2016), Research Handbook on Digital Transformations, Northampton. Aufgerufen am 11. November 2016: http://ssrn.com/abstract=2552998. Zitiert als: Lupton 2016, S.

Campillo-Lundbeck, Santiago (2016): Hirten für den Schweinehund: Wearables produzieren eine Flut von Biodaten. Das wollen Versicherungen für Smart-Insurance-Angebote nutzen, erschienen in: Horizont 27/2016 vom 7. Juli 2016, S. 54. Zitiert als: Campillo-Lundbeck 2016.

BVDW (Hrsg.) (2016): Mobile Health im Faktencheck, Düsseldorf. Zitieren als: BVDW 2016.

Andelfinger, Volker P./Hänisch, Till (Hrsg.) (2016): eHealth. Wie Smartphones, Apps und Wearables die Gesundheitsversorgung verändern werden, Wiesbaden. Zitiert als: Andelfinger/Hänisch 2016, S.

DIVSI (Hrsg.) (2016): Big Data, Hamburg. Zitieren als DIVSI 2016, S.

Stiftung Münch (2015): Medizinische Daten: Nutzen geht vor Datenschutz. Pressemitteilung vom 23. September 2015, München. Aufgerufen am 26.7.2016: http://www.stiftung-muench.org/medizinische-daten-nutzen-geht-vor-datenschutz/. Zitiert als: Stiftung Münch 2015.

Heckmann, Dirk (2012): Grundprinzipien des Datenschutzrechts, erschienen in Schmidt, Jan-Hinrik/Weichert, Thilo (Hrsg.) (2012): Datenschutz. Grundlagen, Entwicklungen und Kontroversen, Bonn, S. 267–279. Zitieren als: Heckmann 2012, S.

Bundesinstitut für Arzneimittel und Medizinprodukte (BfArM) (Hrsg.) (2015): Orientierungshilfe Medical Apps. Aufgerufen am 28. Juli 2016: http://www.bfarm.de/DE/Medizinprodukte/Abgrenzung/medical_apps/_node.html. Zitieren als: BfArM 2015.

PWC Strategy& (2016): Weiterentwicklung der eHealth-Strategie: Studie im Auftrag des Bundesministeriums für Gesundheit, Berlin. Aufgerufen am 09. November 2016: http://www.bundesgesundheitsministerium.de/fileadmin/Dateien/3_Downloads/E/eHealth/BMG-Weiterentwicklung_der_eHealth-Strategie-Abschlussfassung.pdf. Zitieren als: PWC Strategy& 2016, S.

Bittner, Dr. Johannes (2016): Digitale Gesundheit: Lasst uns die gleiche Sprache sprechen. Aufgerufen am 28. Juli 2016 http://blog.der-digitale-patient.de/digitale-gesundheit-gleiche-sprache/. Zitieren als Bittner 2016.

Bundesministerium für Gesundheit (2015): Begriffe A-Z. E-Health. Aufgerufen am 11. November 2016: http://www.bundesgesundheitsministerium.de/service/begriffe-von-a-z/e/e-health.html. (BMG 2015) Zitieren als: BMG 2015.

European Union Agency For Network And Information Security (Hrsg.) (2015): Security and Resilience in eHealth. Security Challenges and Risks, Heraklion. Aufgerufen am 7. Februar 2017: https://www.enisa.europa.eu/publications/security-and-resilience-in-ehealth-infrastructures-and-services. Zitieren als: ENISA 2015.

International Working Group on Data Protection in Telecommunications (IWGDPT) (2015): Arbeitspapier zum Datenschutz bei tragbaren Endgeräten („Wearables"), Seoul 2015. Zitiert als: IWGDPT 2015, S.

PWC (2015): Media Trend Outlook, Wearables: Die tragbare Zukunft kommt näher. Aufgerufen am 11. November 2016: https://www.pwc.de/de/technologie-medien-und-telekommunikation/assets/pwc-media-trend-outlook_wearables.pdf. Zitieren als: PWC 2015, S.

Springer Gabler Verlag (Hrsg.) (2016): Gabler Wirtschaftslexikon, Stichwort: Internet der Dinge. Abgerufen am 11. November 2016: http://wirtschaftslexikon.gabler.de/Archiv/1057741/internet-der-dinge-v4.html. Zitieren als: Springer Gabler Verlag 2016.

Bundeszahnärztekammer (BZÄK)/KZBV (Hrsg.) (2015): Datenschutz- und Datensicherheits-Leitfaden für die Zahnarztpraxis-EDV, Berlin/Köln. Zitieren als: BZÄK/KZBV 2015, S.

Bundesministerium für Gesundheit (2016): Themen. Gesundheitswirtschaft im Überblick. Aufgerufen am 11. November 2016: http://www.bundesgesundheitsministerium.de/themen/gesundheitswesen/gesundheitswirtschaft/gesundheitswirtschaft-im-ueberblick.html. (BMG 2016a) Zitieren als: BMG 2016a.

Weichert, Thilo (2014): Big Data, Gesundheit und der Datenschutz, erschienen in Datenschutz und Datensicherheit 12/2014, S. 831–838. Zitieren als: Weichert 2014, S.

BVDW (Hrsg.) (2015): Whitepaper Browsercookies und alternative Tracking-Technologien: technische und datenschutzrechtliche Aspekte, Düsseldorf. Zitieren als BVDW 2015.

Onlinemarketing.de (Hrsg.): Beacon. Aufgerufen am 04. August 2016: http://onlinemarketing.de/lexikon/definition-beacon. Zitiert als: Onlinemarketing.de 2016.

Sperling, Stefan (2014): Beacon: Kleine Sender mit großer Wirkung für den Einzelhandel?, Karlsruhe. Abgerufen am 11. November 2016: http://www.netzstrategen.com/sagen/beacon-sender-wirkung-einzelhandel/. Zitiert als: Sperling 2014.

De Lio, Giancarlo (2016): Disrupting healthcare with beacons & IoT. Aufgerufen am 04. August 2016: http://blog.estimote.com/post/146353703900/disrupting-healthcare-with-beacons-iot. Zitieren als: De Lio 2016.

Seemann, Michael (2012): Lasst die Daten, schützt die Menschen!, erschienen in Schmidt, Jan-Hinrik/Weichert, Thilo (Hrsg.) (2012): Datenschutz. Grundlagen, Entwicklungen und Kontroversen, Bonn, S. 243–248. Zitiert als: Seemann, 2012, S.

Lewinski, Kai v. (2012): Zur Geschichte von Privatsphäre und Datenschutz – eine rechtshistorische Perspektive; erschienen in Schmidt, Jan-Hinrik/Weichert, Thilo (Hrsg.) (2012): Datenschutz. Grundlagen, Entwicklungen und Kontroversen, Bonn, S. 23–33. Zitiert als: Lewinski 2012, S.

Bundesministerium für Gesundheit (2016): Themen. Krankenversicherung. E-Health-Gesetz. FAQ E-Health-Gesetz. Aufgerufen am 12. Dezember 2016: http://www.bundesgesundheitsministerium.de/themen/krankenversicherung/e-health-gesetz/faq-e-health-gesetz.html. (BMG 2016b) Zitieren als BMG 2016b.

Jähn, Jennifer (2015): Elektronische Gesundheitskarte – für den Datenschutz ein Segen oder doch eher ein Fluch? Aufgerufen am 14. Dezember 2016: https://www.datenschutz-notizen.de/elektronische-gesundheitskarte-fuer-den-datenschutz-ein-segen-oder-doch-eher-ein-fluch-1210332/. Zitiert als: Jähn 2015.

Bartmann, Franz-Joseph (2012): Der kalkulierte Patient; erschienen in Schmidt, Jan-Hinrik/Weichert, Thilo (Hrsg.) (2012): Datenschutz. Grundlagen, Entwicklungen und Kontroversen, Bonn, S. 178–187. Zitieren als: Bartmann 2012, S.

Lüke, Falk (2012): Datenschutz aus Verbrauchersicht, erschienen in Schmidt, Jan-Hinrik/Weichert, Thilo (Hrsg.) (2012): Datenschutz. Grundlagen, Entwicklungen und Kontroversen, Bonn, S. 154–164. Zitiert als: Lüke 2012, S.

Weichert, Thilo (2012): Codex Digitalis Universalis, erschienen in Schmidt, Jan-Hinrik/Weichert, Thilo (Hrsg.) (2012): Datenschutz. Grundlagen, Entwicklungen und Kontroversen, Bonn, S. 345–350. Zitieren als: Weichert 2012, S.

Pramann, O. (2016): Kapitel 10. Gesundheits-Apps und Datenschutz; erschienen in Albrecht, U.-V. (Hrsg.) (2016), Chancen und Risiken von Gesundheits-Apps (CHARISMHA). Medizinische Hochschule Hannover, S. 214–227. Zitiert als: Pramann 2016, S.

Trepte, Sabine (2012): Privatsphäre aus psycholgischer Sicht; erschienen in Schmidt, Jan-Hinrik/Weichert, Thilo (Hrsg.) (2012): Datenschutz. Grundlagen, Entwicklungen und Kontroversen, Bonn, S. 59–66. Zitiert als: Trepte 2012, S.

Rost, Martin (2012): Die Schutzziele des Datenschutzes; erschienen in Schmidt, Jan-Hinrik/Wei-
   chert, Thilo (Hrsg.) (2012): Datenschutz. Grundlagen, Entwicklungen und Kontroversen, Bonn,
   S. 353–362. Zitieren als: Rost 2012, S.
ePrivacy (Hrsg.) (2015): Datensicherheit und Datenschutz von Medical Apps, Hamburg. Zitieren
   als: ePrivacy 2015, S.
YouGov (Hrsg.) (2016): Internet 4.0: Smart Health & Smart Care. Die Zukunft der schönen smarten Welt im Gesundheitsbereich, Köln. Zitiert als: YouGov 2016.

Marktentwicklung von E-Health

Michael Eckard

2

2.1 Bisherige Entwicklung des Marktes

Die Digitalisierung in verschiedenen Wirtschaftszweigen sowie in privaten und staatlichen Einrichtungen hat auch einen Markt für die elektronische Übertragung von Gesundheitsdaten geschaffen. Zu Beginn des Jahres 1995 wurde die erste elektronische Gesundheitskarte (eGK) von den Krankenkassen angeboten, welche eine schnellere und effizientere Kommunikation zwischen Patient und Arzt sowie Arzt und Krankenkasse ermöglichen sollte. Die eGK gilt als Berechtigungsnachweis zur Inanspruchnahme von Leistungen der Gesetzlichen Krankenkasse und löst seit 1. Januar 2015 die vorherige Krankenversicherungskarte (KVK) vollständig ab.[1]

Auf der elektronischen Gesundheitskarte sind folgende Daten gespeichert:[2]

- Bezeichnung der ausstellenden Krankenkasse, einschließlich eines Kennzeichens für die Kassenärztliche Vereinigung, in deren Bezirk der Versicherte seinen Wohnsitz hat
- Familienname und Vorname des Versicherten
- Geburtsdatum
- Geschlecht
- Anschrift
- Krankenversichertennummer
- Versichertenstatus, für Versichertengruppen nach SGB § 267 Abs. 2 Satz 4 in einer verschlüsselten Form, Tag des Beginns des Versicherungsschutzes
- bei befristeter Gültigkeit der Karte das Datum des Fristablaufs

---

[1]BSI Gesundheitskarte.
[2]SGB Fünftes Buch, § 291.

© Springer Fachmedien Wiesbaden GmbH 2018
C. Bauer et al., *E-Health: Datenschutz und Datensicherheit*,
https://doi.org/10.1007/978-3-658-15091-4_2

Da Stammdaten auf der eGK nicht verändert werden können, ist bei einem Wechsel der Kundenanschrift stets eine neue Karte bei der entsprechenden Krankenkasse einzufordern. Nach Einführung der eGK entstanden diverse alternative Möglichkeiten Daten zu übermitteln, jedoch behielt die eGK bis heute ihre analoge Übertragungsart, durch Auslesen der Daten über ein definiertes Lesegerät.

Seit 1995 sind verschiedene Übertragungsprotokolle und Technologien erschienen und verschwunden. Die wenigen, die sich durchsetzten konnten und bis heute bestehen sind

- Bluetooth
- LAN (Local Area Network)
- HTTP (Hypertext Transfer Protocol)
- NFC/RFID (Near Field Communication/Radio-Frequency Identification)
- Prozessor-Chipkarten

Durch die zunehmende Vernetzung von Geräten hat sich die Internetnutzung vom stationären Internet zum mobilen Internet verschoben. Zudem hat sich durch den technischen Fortschritt von z. B. Bluetooth 1.0 zu Bluetooth 4.0 die Geschwindigkeit der Datenübertragung potenziert. Durch eine parallele Verbesserung der Lithium-Akkumulatoren und der Speicherkapazität mobiler Geräte ist die Nachfrage nach stationären internetfähigen Geräten in Form von Desktop-PCs stark zurückgegangen. Als abhörsicher oder sicher gegen unbefugtes Eindringen gelten Bluetooth-Übertragungen nur dann, wenn sie als Verbindung mit mehrstufiger dynamischer Schlüsselvergabe betrieben werden. Durch diese Verschiebung sind neue Märkte entstanden und neue Arten digitaler Informationsübertragungen haben sich entwickelt.

Die Near-Field-Communication-Technologie (NFC-Technologie) erlaubt es beispielsweise, Informationen in Reisepässen zu digitalisieren, Türen mit Smartphones zu öffnen, Haustiere zu identifizieren und Informationen an öffentlichen Orten über Tags (Beacons) verfügbar zu machen. Mit steigender Verbreitung von Smartphones und den damit verbundenen Möglichkeiten ist eine stetige Weiterentwicklung der Vernetzung zu erwarten.

Durch schnellere Kommunikationsmöglichkeiten und die fortschreitende Entwicklung der Transistoren sowie der Datenübertragung sind neben verschiedenen Infrastrukturen für die Krankenhaus-IT (auf diese wird in Kap. 6 genauer eingegangen) auch autarke Technologien entstanden, die die kontaktlose Übertragung von Daten durch Scannertechnologien und Induktionsspeicher ermöglichen. Als zum Ende der ersten Dekade des 21. Jahrhunderts mobile Endgeräte (Smartphones) und Apps erschienen, vermischten sich diese Technologien und mobile Endgeräte wurden zu universell einsetzbaren Geräten, die ab dem Jahr 2010 erste E-Health-Anwendungen in die Haushalte der Konsumente brachten.

Im Jahr 2014 kamen die ersten kommerziellen Smartwatches und Healthbands (smarte Armbänder) auf den Markt, die Statistiken und Analysen über die Fitness und die

Gesundheit des Konsumenten zusammenstellen konnten. Bis dato haben sich zahlreiche IoT-Geräte etabliert, die zunehmend eine Vermischung von

- analoger Messung
- digitaler Übermittlung
- Speicherung und
- Aggregation

von Daten ermöglichen. Diese Entwicklung bringt zugleich zahlreiche Herausforderungen bezüglich Datenschutz und Datensicherheit der Konsumenten mit sich. In den folgenden Abschnitten wird dargestellt, wie die neuen Technologien im Bereich E-Health genutzt werden können. Dabei wird auch ein Überblick über die möglichen Anwendungen für Konsumenten erstellt, deren Daten genutzt werden und zu schützen sind.

2.2   E-Health heute

2.2.1   Connected Devices

IoT-Endgeräte sind reine Clients und benötigen immer ein Zielsystem, an welches sie (drahtlos) Daten übermitteln können, die dort dann entweder aggregiert werden oder zur weiteren Verarbeitung oder Auswertung zur Verfügung stehen. Ein Gerät, das drahtlos Aufgaben erfüllt und Aktionen hervorruft, aber nicht mit einem Ziel-Serversystem verbunden wird, ist kein IoT-Gerät (z. B. Fernbedienungen, elektr. Schlüssel). Lassen sich gleiche Aktionen jedoch auch über ein Netzwerk wie das Internet steuern (z. B. Öffnung von Autos oder Garagentoren durch eine App), spricht man hierbei vom Internet of Things.

2.2.2   Kabellose Sensorik – Body Area Networks

Eine weitere und immer wichtiger werdende Klasse von medizinischen Systemen ist die der (persönlichen) elektronischen Gesundheitsvorsorge. Angesichts zunehmender Kosten medizinischer Behandlungen werden neue Geräte entwickelt, die das Wohlergehen von Einzelpersonen überwachen und im Bedarfsfall automatisch einen Arzt kontaktieren können. Bei vielen dieser Systeme besteht ein wesentliches Ziel darin, der Einweisung in ein Krankenhaus vorzubeugen.

Systeme zur persönlichen Gesundheitsvorsorge sind häufig mit verschiedenen Sensoren ausgerüstet, welche als (vorzugsweise kabelloses) BAN (Body Area Network, Körperbereichsnetzwerk) angeordnet sind. Ein wichtiger Aspekt besteht darin, dass ein solches Netzwerk eine Person möglichst gar nicht oder nur minimal behindern sollte. Zu diesem Zweck sollte das Netzwerk arbeiten können, während sich eine Person bewegt, ohne die Person mit Kabeln an unbewegliche Geräte zu binden.

Diese Anforderungen können durch zwei verschiedene Anordnungen erfüllt werden: In der ersten ist ein zentraler Hub Teil des BAN, der die benötigten Daten sammelt. Von Zeit zu Zeit werden diese Daten auf ein größeres Speichergerät heruntergeladen. Ein aktuell oft angewendetes Beispiel dafür sind Puls- und Schrittmessungen in einer Smartwatch, deren Daten auf ein Smartphone übertragen werden und auf diesem konfiguriert und verwaltet werden können. Der Vorteil dieses Verfahrens besteht darin, dass der Hub (Smartphone) das BAN (Smartwatch) verwalten kann.

Im zweiten Szenario ist das BAN über eine kabellose Verbindung kontinuierlich in ein externes Netzwerk eingebunden, an welches es die Überwachungsdaten sendet. Für die Verwaltung des BAN müssen eigene Techniken entwickelt werden. Natürlich können auch weitere Verbindungen zu Ärzten oder anderen Menschen bestehen.

Der wesentliche Unterschied besteht also darin, dass im ersten Fall der Nutzer die Messungen verwalten, administrieren und auf den Hub herunterladen kann, wohingegen im zweiten Fall die Daten über eine Schnittstelle an ein entferntes System, i. d. R. einen Server mit Datenbank-Management-System (DBMS), übertragen werden.

Aus der Sicht eines verteilten Systems, bei dem wie oben beschrieben das Management des Systems von externer Stelle betrieben werden kann, werden Firmen, die diese Technologien bereitstellen, unmittelbar mit Fragen wie den folgenden konfrontiert:

- Wo und wie sollten die Überwachungsdaten gespeichert werden?
- Wie kann man den Verlust kritischer Daten verhindern?
- Welche Infrastruktur wird benötigt, um Alarme auszulösen und weiterzuleiten?
- Wie kann das Überwachungssystem möglichst robust gestaltet werden?
- Welche Sicherheitsaspekte sind zu beachten und wie lassen sich geeignete Verfahren durchsetzen?

Im Gegensatz zu den Haussystemen, die unter eigener Kontrolle gesteuert werden, kann bei verteilten Systemen im Gesundheitswesen nicht erwartet werden, dass sie sich in Richtung von Single-Server-Systemen entwickeln und Überwachungsgeräte mit minimaler Funktionalität aufweisen werden. Im Gegenteil: Aus Gründen der Effizienz müssen Geräte und BANs die Verarbeitung im Netzwerk unterstützen. Die Überwachungsdaten müssen also beispielsweise zusammengefasst werden, bevor sie permanent gespeichert oder an einen Arzt gesendet werden. Anders als bei klassisch verteilten Informationssystemen gibt es bei BANs bisher noch keine gesicherten und nutzerfreundlichen Umsetzungsmöglichkeiten.

Ein Begriff, der BANs mit anderen Sensor- und Near-Field-Kommunikationsgeräten zusammenfasst, die Geräte über eine eigene oder eine „geliehene" Internet-Schnittstelle mit Hubs (Smartphones/Servern) verbinden, lautet „Internet of Things".

2.2.3   Sicherheit im Internet und Sicherheit mobiler Endgeräte als definiertes Grundbedürfnis

Die globale Verfügbarkeit des Internets führt durch drahtlose, netzwerkfähige Geräte dazu, dass Firmen die stetige Verfügbarkeit der Gerätedaten für neue Geschäftsmodelle nutzen können. Es kann heute davon ausgegangen werden, dass das Internet und mobile Endgeräte in Industrienationen in nahezu jedem Haushalt verfügbar sind. Gerade im Bezug auf vertrauliche Daten, wie es medizinische Datensätze sind, ist die Sicherheit dieser Systeme unerlässlich. Dasselbe gilt hierbei auch für die Systemstabilität, z. B. in einem Krankenhaus.

Sicherheit in einem IoT-System ist eng verwandt mit dem Begriff der Systemstabilität. Einfach ausgedrückt ist ein stabiles IoT-System eines, in das man das berechtigte Vertrauen setzen kann, dass es seine Dienste leisten wird. Die Systemstabilität umfasst:

- Verfügbarkeit
- Zuverlässigkeit
- Betriebssicherheit
- Wartungsfreundlichkeit
- Vertraulichkeit
- Integrität

Vertraulichkeit (Confidentiality) bezieht sich auf die Eigenschaft eines Systems, seine Informationen nur autorisierten Parteien preiszugeben. Integrität bedeutet, dass nur autorisierte Änderungen an den Bestandteilen eines Systems vorgenommen werden können. Unzulässige Änderungen sollten sich also in einem sicheren Computersystem aufspüren und rückgängig machen lassen. Die wesentlichen Bestandteile jedes Netzwerksystems, wozu IoT-Systeme zählen, sind seine Hardware, seine Software und seine Daten.

Eine andere Sicht auf das Thema Sicherheit in einem Computersystem befasst sich mit dem Versuch, die gebotenen Dienste und Daten vor Sicherheitsbedrohungen (Security Threads) zu schützen. Vier Arten von Sicherheitsbedrohungen sind zu berücksichtigen:

- Abfangen (Interception)
- Stören (Interruption)
- Verändern (Modification)
- Einbringen (Fabrication)

Der Begriff des **Abfangens** bezieht sich darauf, dass eine unautorisierte Partei Zugriff auf einen Dienst oder auf Daten erlangt. Ein typisches Beispiel für das Abfangen ist das Abhören der Kommunikation zwischen zwei Parteien durch einen Dritten. Abfangen liegt auch vor, wenn Daten illegal kopiert werden, z. B. nach dem Eindringen in ein privates Benutzerverzeichnis in einem Dateisystem.

Ein Beispiel für eine **Störung** ist eine beschädigte oder gelöschte Datei. Allgemeiner formuliert bezieht sich der Begriff „Störung" auf die Situation, dass Dienste oder Daten nicht mehr verfügbar, nicht mehr verwendbar oder zerstört sind. In diesem Sinne sind DoS-Angriffe (Denial of Service), durch die jemand in böswilliger Absicht versucht, den Zugriff anderer auf einen bestimmten Dienst zu verhindern, eine Sicherheitsbedrohung, die als Störung zu klassifizieren ist.

Abänderungen bedeuten unautorisierte Änderungen an Daten oder Manipulationen an einem Dienst mit der Folge, dass dieser von seinen ursprünglichen Spezifikationen abweicht. Beispiele für Änderungen umfassen das Abfangen und nachfolgende Abändern von übermittelten Daten, Manipulationen an Datenbankeinträgen und das Ändern eines Programms in der Weise, dass es insgeheim die Aktivitäten seines Benutzers aufzeichnet.

Eine **Fälschung** liegt vor, wenn zusätzliche Daten oder Aktivitäten erzeugt werden, die es normalerweise gar nicht gäbe. Ein Eindringling könnte z. B. versuchen, einen Eintrag zu einer Passwortdatei oder einer Datenbank hinzuzufügen. Genauso ist es manchmal möglich, in ein System einzudringen, indem zuvor gesendete Nachrichten, wie abgefangene Log-in-Requests, wiederholt abgespielt werden, um als Antwort des Zielservers einen erfolgreichen Log-in zu erhalten und auf diese Weise auf diverse Daten zugreifen zu können.

Es ist stets wichtig zu bedenken, dass Störungen, Abänderungen und Fälschungen jeweils als Form der Datenverfälschung betrachtet werden können. Nur festzuhalten, dass ein System in der Lage sein sollte, sich selbst gegen alle möglichen Sicherheitsbedrohungen zu schützen, genügt nicht, um ein tatsächlich sicheres System einzurichten. Was zunächst benötigt wird ist eine Beschreibung der Sicherheitsanforderungen, also Sicherheitsrichtlinien. Sicherheitsrichtlinien beschreiben im Detail, zu welchen Aktionen die Entitäten in einem System befugt sind und welche verboten sind.

Entitäten umfassen z. B.:

- Benutzer
- Dienste
- Daten
- Rechner

Sind einmal Sicherheitsrichtlinien niedergelegt worden, wird es möglich, sich auf die Sicherheitsmechanismen zu konzentrieren, durch die sie durchgesetzt werden können. Wichtige Sicherheitsmechanismen sind die folgenden:

- Verschlüsselung
- Authentifizierung
- Autorisierung
- Kontrolle

Verschlüsselung ist grundlegend für die Computersicherheit. Eine Verschlüsselung wandelt Daten in etwas um, das ein Angreifer nicht verstehen kann. Verschlüsselung bietet also ein Mittel zur Umsetzung von Datenvertraulichkeit. Zudem ermöglicht Verschlüsselung die Überprüfung, ob Daten modifiziert worden sind. Sie unterstützt damit die Überprüfung der Integrität.

Authentifizierung wird verwendet, um die behauptete Identität eines Benutzers, Clients, Servers, Hosts oder einer anderen Entität zu überprüfen. Bei Clients gilt als grundlegende Voraussetzung, dass ein Dienst die Identität eines Clients in Erfahrung bringen muss, bevor er in seinem Auftrag in irgendeiner Weise tätig wird (außer der Dienst steht jedem zur Verfügung). Benutzer werden im Normalfall durch Passwörter authentifiziert, aber es gibt viele andere Möglichkeiten, Clients zu authentifizieren.

Nach der Authentifizierung eines Clients ist es erforderlich zu prüfen, ob dieser Client **autorisiert** ist, die angefragte Aktion auszuführen. Der Zugriff auf Datensätze in einer medizinischen Datenbank ist ein typisches Beispiel. Je nachdem, wer auf die Datenbank zugreift, kann die Erlaubnis für das Lesen der Datensätze, das Ändern bestimmter Felder in einem Datensatz oder das Hinzufügen oder Löschen eines Datensatzes gewährt werden.

Kontrollwerkzeuge werden zur Nachverfolgung verwendet, welche Clients worauf zugegriffen haben und in welcher Weise. Auch wenn Kontrollen keinen wirklichen Schutz vor Sicherheitsbedrohungen bieten, können Kontrollprotokolle äußerst nützlich für die Analyse eines Sicherheitsbruches und die nachfolgende Einleitung von Maßnahmen gegen Eindringlinge sein. Aus diesem Grund sind Angreifer normalerweise begierig, keine Spuren zu hinterlassen, die letztendlich zur Aufdeckung ihrer Identität führen könnten. Das Protokollieren von Zugriffen führt so dazu, dass Angriffe ein riskanteres Unternehmen werden.

2.3 Mögliche zukünftige Entwicklungen

Aufgrund der schnelleren Übertragungsgeschwindigkeiten drahtloser Kommunikationsmedien und leistungsfähigeren Speicher sind die Möglichkeiten, multiple Messdaten zeitgleich in einer genaueren Art und Weise von IoT-Geräten zu senden und zu empfangen, sehr weitreichend.

Besonders in den Bereichen Connected Home bz. Ambient Assited Living und E-Health sind sensorgestützte Geräte, welche über das WLAN oder eine SIM-Karte im direkten Austausch mit dem Internet kommunizieren, ein stetig wachsender Markt.

Durch die immer günstiger werdenden Kleinstspeicher wird sich der IoT-Markt auch der Open-Source-Community öffnen, was wahrscheinlich zu einer dezentralen Entwicklung führen wird, die keiner Überwachung unterliegt. Ob dies eine positive oder negative Entwicklung ist, wird sich zeigen, jedoch ist die Anforderung an Sicherheit gerade in dezentralen Strukturen das oberste Gut.

Einen weiteren wichtigen Punkt stellt die asymmetrische Verschlüsselung dar, welche aktuell auf physikalische Grenzen stößt.

Verfahren, die auf asymmetrischer Verschlüsselung beruhen, um Datensätze zu schützen, sind in vielen Sensornetzen nicht nutzbar, da sie hohe Ansprüche an Rechenleistung und Speicherplatz stellen. Aktuell bieten IoT-Geräte nur eine sehr geringe Rechenleistung.[3] Durch zunehmend energiesparendere Verfahren und leistungsstärkere Nano-Prozessoren können IoT-Geräte jedoch in Zukunft vermutlich auch asymmetrische Verschlüsselungen anwenden. Bis dahin müssen ggf. Prozessoren des Wirtsystems genutzt werden (PC, Smartphone).

2.4   Fehldiagnosen und Haftungsfragen

Die Möglichkeit, automatisiert Diagnosen zu erstellen, birgt zugleich das Risiko von Fehldiagnosen durch vorsätzliche Manipulation oder technische Sicherheitslücken (Exploits). Im IoT-Bereich besteht durch die Peripherie bedingt die Gefahr, dass eine Sicherheitslücke nicht unmittelbar bei Bekanntwerden geschlossen werden kann: Klassische Software kann durch den Download eines Patches die Schließung einer Sicherheitslücke gewährleisten. Hardware hingegen benötigt ein sogenanntes Firmware-Update bzw. ein Update der in der Hardware eingesetzten Software. Sollte die Sicherheitslücke die Hardware direkt betreffen, ist ein Firmware-Update nicht möglich. Das IoT-Gerät müsste dann entweder durch ein anderes ersetzt oder nach einer Rückrufaktion hardwaretechnisch verbessert werden. Aus diesem Grund ist das Sicherheitsmanagement schon in der Konzeptphase des Gerätes anzuwenden. Normen in Form von begleitenden Kriterienkatalogen sind daher zu empfehlen.

Als Beispiel für eine Fehldiagnose kann eine Peripherie herangezogen werden, welche den Glukosespiegel einer diabeteskranken Person misst. Durch einen Messfehler kann hierbei eine potenziell lebensbedrohliche Situation hervorgerufen werden. Dieser Messfehler kann durch Produktionsfehler bei der Herstellung des IoT-Gerätes, durch eine Manipulation des Datenverkehrs, durch eine Manipulation der Hardware oder durch einen Programmierfehler auftreten. Nutzt ein potenzieller Angreifer eine grob fahrlässige Sicherheitslücke aus, um den Datenverkehr der Messung zu manipulieren, wobei eine Person zu Schaden kommt, ist ohne die Kenntnis der Sicherheitslücke nicht nachzuweisen, wodurch der Messfehler verursacht wurde. Aus diesem Grund ist die Zuweisung der Haftungspflicht im Falle eines Personenschadens nicht ohne zusätzliches Wissen möglich. Sollte ein IoT-Gerät z. B. anhand eines vordefinierten Kriterienkataloges konzipiert und durch eine unabhängige dritte Instanz geprüft worden sein, kann ein Verschulden der IoT-Anbieter teilweise ausgeschlossen werden und das Prüfergebnis im Falle eines Rechtsstreits herangezogen werden. Ein Eigenverschulden des IoT-Nutzers kann somit in Betracht gezogen werden.

---

[3]Schmidt (2003).

Im Gegensatz zu vielen klassischen IT-Systemen, die in ihrem Aufbau vor dem physischen Zugriff durch unautorisierte Personen geschützt sind, werden Sensorknoten, wie sie im IoT-Bereich vorkommen, in Umgebungen eingesetzt, in denen in aller Regel physischer Zugang zu den Sensorknoten möglich ist und damit leicht funktionale Beeinträchtigungen eines Sensorknotens realisierbar wären. Aufgrund der geringen Sendeleistung der IoT-Geräte (unmittelbare Nähe) ist es möglich, den Funkkanal mittels elektromagnetischer Einstrahlung zu stören. Auch sind bei Ad-hoc-Netzen und im Besonderen bei Sensornetzwerken spezielle Angriffe auf den verschiedenen Protokollebenen bekannt. Darüber hinaus sind im Gegensatz zu klassischen Kommunikationsnetzwerken die eigentliche Anwendung und die Funktion des Kommunikationsnetzwerkes auch noch stark ineinander verwoben. Zusammengenommen stellt die sichere Konfiguration eines Sensornetzwerkes eine große Herausforderung dar[4].

Bei der Konzeption des IoT-Gerätes ist zudem darauf zu achten, dass eine Manipulation der Hardware weitestgehend erschwert wird. Dies kann z. B. durch Gehäuse aus einem Guss erfolgen. Eine Isolation gegen gezielte elektromagnetische Störsignale ist nicht möglich. Die Funktionalität sollte in einem solchen Fall jedoch eingeschränkt oder blockiert werden.

Literatur

Schmidt, Stefan/ Buschmann, Carsten/Fischer,Stefan (2003):Sicherheit in Sensornetzen am Beispiel von Swarms; erschienen in 1. GI/ITG Fachgespräch Sensornetze, Technical Report 2003. Zitieren als: Schmidt 2003.

---

[4]BSI Sensornetzwerken.

Teil II

E-Health – Gefahren und Lösungen im IoT Zeitalter

Grundprinzipien des Datenschutzes bei E-Health

Christoph Bauer

3.1 Datenschutz ist Grundrechtsschutz

Der Datenschutz, der in der Form des Rechtes auf informationelle Selbstbestimmung im Grundgesetz verankert ist, ist ein Grundrechtsschutz – er dient dem Schutz der Freiheit des Einzelnen.[1] Auf ein Individuum bezogen ist das Ziel des Datenschutzes, „den Einzelnen vor Beeinträchtigungen seiner Persönlichkeitsrechte durch den Umgang mit seinen personenbezogenen Daten zu schützen. Das Recht des Datenschutzes bezweckt damit Persönlichkeitsschutz und insoweit auch Schutz der Privatsphäre."[2] Unter Privatsphäre versteht man das Ausmaß, in dem ein Mensch Anderen „Zutritt zu seiner Welt gewährt"[3]. Privatsphäre ist lebensnotwendig, da nur sie Raum für Muße und Kreativität, für die Herausbildung von eigenständigem Denken und Handeln bietet. Für den Datenschutz bei E-Health ist von den verschiedenen Formen der Privatsphäre vor allem die informationsbezogene Privatsphäre relevant, die sich auf die Kontrolle einer Person darüber bezieht, ob und welche Informationen an andere Personen weitergegeben werden.[4]

Das über-individuelle Ziel des Datenschutzes ist „die Begrenzung jener Machtungleichgewichte, die durch die Informationsballung bei einzelnen Akteuren bestehen"[5], also „der Schutz vor Datenmacht". Dieses zentrale Motiv richtet sich vor allem gegen die Datenmacht des Staates, aber zunehmend auch von Unternehmen, die dank ihrer technikbasierten Geschäftsmodelle Datenmacht gewinnen, und sogar von Nutzern mancher

---

[1]DIVSI (2016, S. 85) und Dix (2012, S. 290).

[2]Pramann (2016, S. 215).

[3]Trepte (2012, S. 60).

[4]Trepte (2012, S. 61 f.).

[5]Lewinski (2012, S. 32).

© Springer Fachmedien Wiesbaden GmbH 2018
C. Bauer et al., *E-Health: Datenschutz und Datensicherheit*,
https://doi.org/10.1007/978-3-658-15091-4_3

Onlinedienste, die durch den Zugang zu Informationen über andere Nutzer ebenfalls Datenmacht erhalten.[6]

Die elementaren Schutzziele des Datenschutzes lassen sich in zwei Gruppen teilen: Die Schutzziele der Verfügbarkeit, Integrität und Vertraulichkeit betreffen die Datensicherheit. Den Datenschutz hingegen betreffen die Schutzziele Transparenz, Intervenierbarkeit und Nichtverkettbarkeit. Jeweils zwei dieser Schutzziele stehen in einem Spannungsverhältnis zueinander: Verfügbarkeit und Vertraulichkeit, Integrität und Intervenierbarkeit sowie Transparenz und Nichtverkettbarkeit können jeweils nicht gleichzeitig in gleichem Maße berücksichtigt werden.[7]

In Deutschland ist das Interesse an Datenschutz historisch bedingt besonderes groß. Aktuelle Umfragen zeigen, dass von der Erfüllung des Bedürfnisses nach Datenschutz und Datensicherheit bei deutschen Verbrauchern häufig die Kaufentscheidung abhängt.[8]

Die Idee einer Privatsphäre kam bereits im antiken Griechenland mit der Herausbildung eines organisierten Staates mit ersten bürokratischen Verwaltungsstrukturen auf, als zwischen dem privaten Haushalt (oikos) und dem öffentlichen Raum (agora) unterschieden wurde. Als administrative Strukturen in der Neuzeit wieder entstanden und sich gleichzeitig mit der Aufklärung die Idee des Individuums durchsetzte, entstand in diesem Spannungsverhältnis das Bedürfnis nach dem Schutz der Privatsphäre vor staatlicher Macht. „Die einander gegenüberstehenden Rechtspositionen – Persönlichkeitsrecht des Einzelnen und Informationserhebungsbefugnis des Staates – sind der eigentliche Ursprung des modernen Datenschutzrechts."[9]

Die Datenmacht des Staates wuchs im 20. Jahrhundert wegen der fortschreitenden Entwicklung von Informationsmedien und -techniken und zeigte sich in Deutschland in der Zeit des Nationalsozialismus mit der systematischen Vernichtung von Bevölkerungsgruppen von ihrer grausamsten Seite.[10] In der zweiten Hälfte des 20. Jahrhunderts führte die Aufarbeitung der Stasi-Tätigkeiten in der DDR in Deutschland zu einem besonderen Augenmerk auf Datenschutz. In umfassender Gesetzesform manifestierte sich der Datenschutz in Deutschland jedoch zum ersten Mal 1970 im hessischen Datenschutzgesetz und 1977 im Bundesdatenschutzgesetz.[11] Im Zuge der öffentlichen Debatte über die geplante Volkszählung 1983 schuf das Gericht den Begriff des Rechtes auf „informationelle Selbstbestimmung" aus den im Grundgesetz verankerten Begriffen des Persönlichkeitsrechtes und der Menschenwürde: das Recht, „dass jede Person grundsätzlich selbst

---

[6]Lewinski (2012, S. 23).

[7]Rost (2012, S. 355 und 358 f.).

[8]DIVSI (2016, S. 98) und Lewinski (2012, S. 30).

[9]Lewinski (2012, S. 23 f.).

[10]Lewinski (2012, S. 27).

[11]Lewinski (2012, S. 23 und 29).

über die Erhebung und Verwendung der auf sie bezogenen Daten entscheiden können müsse"[12]. Das Recht auf informationelle Selbstbestimmung ist hierbei nicht nur ein Abwehrrecht gegen den Staat, sondern betrifft auch die „staatliche Schutzdimension", die eigenen Bürger vor der unerwünschten Datenverarbeitung privater Unternehmen zu schützen. Im Spannungsverhältnis zwischen Unternehmen und Individuen gilt es jedoch nicht nur, die Individuen zu schützen, sondern auch die Berufs- und Handlungsfreiheit der Unternehmen zu wahren: „Was die Meinungs- und Pressefreiheit für die Demokratie ist, ist die Werbefreiheit für die Marktwirtschaft"[13], das heißt, jedes Unternehmen muss sein Geschäft ausüben und seine Waren auf dem Markt anpreisen können.

Heute sichert das gemeinsame europäische Verfassungsverständnis das Grundrecht auf Datenschutz, das Diskriminierungsverbot und den Gesundheitsschutz als staatliche Aufgabe – dazu gehört auch der Interessensausgleich zwischen verschiedenen Stakeholdern.[14]

Der **Datenschutz in der Medizin** ist noch älter als allgemeine Datenschutz-Überlegungen: Bereits Hippokrates hielt um 400 n. Chr. in seinem berühmten Eid das Patientengeheimnis und die Schweigepflicht der Ärzte zum Schutz des Vertrauens zwischen Patient und Arzt und der Selbstbestimmung des Patienten fest.[15] Heute ist das Patientengeheimnis als Standesrecht der Gesundheitsberufe gesetzlich verankert (§203 StGB und für Ärzte zusätzlich §9 MBO-Ä).

Die Digitalisierung im Medizinsektor gefährdet den Datenschutz, wie Autoren schon 2012 warnten: „Allerdings haben die elektronische Datenerfassung und -übermittlung im etablierten Medizinbetrieb [...] bereits ein Ausmaß erreicht, welches das Recht auf informationelle Selbstbestimmung und die Wahrung des Arztgeheimnisses erheblich gefährdet."[16] Im digitalen Zeitalter sind personenbezogene Daten ein alltäglich verwendetes Gut.[17] Problematisch ist, dass „[a]uch Technik, die nicht als Überwachungsinstrument entwickelt wurde, [...] ein solches Potenzial innehaben"[18] kann: „Mittlerweile sind die Räume, in denen ein anonymes oder unbeobachtetes Handeln möglich ist, in erheblichem Maße eingeschränkt. Dies kann sich negativ auf die Gesellschaft als Ganzes auswirken, indem die Menschen sich davor scheuen, von der Norm abzuweichen und ihre Rechte wahrzunehmen." [19] Die staatliche Fürsorgepflicht kann im digitalisierten Medizinsektor sogar dazu führen, „dass der Staat verpflichtet sein kann, Big-Data-basierte Informationsangebote selbst zu erbringen"[20]. Denn es ist gefährlich, wenn diese Aufgabe

---

[12]Lewinski (2012, S. 29). Siehe auch Papier (2012, S. 75).

[13]Fiedler (2012, S. 165). Siehe auch Lewinski (2012, S. 39 ff.).

[14]Weichert (2014, S. 832).

[15]Lewinski (2012, S. 24). Siehe auch Pramann (2016, S. 221).

[16]Bartmann (2012, S. 179).

[17]Lüke (2012, S. 154 f.), Wagner (2012, S. 90).

[18]Hansen (2012, S. 78).

[19]Hansen (2012, S. 86).

[20]Weichert (2014, S. 832 und 837).

ersatzweise von privatwirtschaftlichen Unternehmen erledigt wird, da hier die Orientierung am Gemeinwohl nicht gewährleistet werden kann.

Die Nutzer stehen vor einem „privacy paradox": Der Wunsch nach Transparenz zugunsten des medizinischen Fortschritts steht dem Wunsch nach Privatheit zum Schutz vor Stigmatisierung und Benachteiligung gegenüber.[21] Zusätzlich hat der Einzelne heute eine viel größere Verantwortung für den Schutz seiner Daten: Waren Bürger früher nur betroffen von Datenverarbeitungsprozessen, sind sie heute oft zugleich Akteure der Datenverarbeitung, wenn sie sich im Internet bewegen, ohne sich der Funktionsweisen des Netzes und der damit verbundenen Gefahren bewusst zu sein.[22] Um verantwortungsbewusst zu entscheiden, muss man allerdings über Chancen und Risiken des Internets informiert sein.[23]

3.2   Die sechs Grundprinzipien des Datenschutzes

Im Folgenden werden die grundlegenden Prinzipien des Datenschutzes bei E-Health und mHealth anhand der allgemeinen Schutzziele des Datenschutzes erläutert.[24]

3.2.1   Transparenz der Datenverarbeitung

Das Schutzziel der Transparenz richtet sich an verschiedene Instanzen: Sowohl die Daten verarbeitenden Stellen als auch die betroffenen Personen und die öffentliche Kontrollinstanzen müssen jederzeit erkennen können, „welche Daten für welchen Zweck erhoben und verarbeitet werden, welche Systeme und Prozesse dafür genutzt werden, wohin die Daten zu welchem Zweck fließen und wem die Daten und Systeme in den verschiedenen Phasen einer Datenverarbeitung gehören."[25]

Bei Wearables gestaltet sich das Transparenzgebot schwierig, da die Geräte und die Datensammlung kaum auffallen. Daher sollte „bei versteckten oder miniaturisierten Geräten [...] Transparenz durch andere als visuelle Mittel sichergestellt werden. Dazu zählt auch die Transparenz der Verbindungen zu Zusatzgeräten wie Smartphones."[26] Faktisch gestaltet sich die Aufklärung der Nutzer aufgrund der kleinen Displays und der unregelmäßigen Aufmerksamkeit bei der Nutzung jedoch schwierig. Zudem setzen Anbieter von

---

[21]CHARISMHA (2016, Kap. 9, S. 207). Siehe auch Andelfinger und Hänisch (2016, S. 20).

[22]Wagner (2012, S. 88 f).

[23]Wagner (2012, S. 90).

[24]Rost (2012, S. 355 und 358 f.) Siehe auch Bittner (2016) und Weichert (2014, S. 835), BfDI (2016), Fischer (2016).

[25]Rost (2012, S. 356 f.) Siehe auch Weichert (2014, S. 831und 837 f.).

[26]IWGDPT (2015, S. 3). Siehe auch DIVSI (2016, S. 17).

Wearables häufig voraus, dass der Anwender die Daten mit ihnen teilt oder in einer Cloud speichert, anstatt eine lokale Speicherung auf dessen eigenen Geräten zu ermöglichen.[27]

Eine Herausforderung ist das Transparenzgebot auch bei komplexen digitalen Geschäftsmodellen und bei Big-Data-Analysen mithilfe von Algorithmen, die sich schwer erklären lassen und deren Interessen den Einzelinteressen der Nutzer widersprechen.[28] Dennoch kann „[…] Diskriminierung […] im Zweifel nur entdeckt werden, wenn die Algorithmen, die den Bewertungen einzelner Nutzer zugrunde liegen, offengelegt werden."[29] Eine unabhängige Prüfinstanz für Algorithmen könnte Abhilfe schaffen.

Transparenz ist die Grundlage für die Selbstbestimmung der Nutzer: Der Anbieter muss den Nutzer in transparenter und verständlicher Weise über die Datenverarbeitung informieren, damit dieser nach freier und gut informierter Entscheidung in die Datenverarbeitung einwilligen kann. Dazu dient unter anderem die **Datenschutzerklärung**: Der mündige Nutzer soll sich über die Datenschutzerklärung umfassend über die Speicherung und Verarbeitung seiner Daten sowie über die Weitergabe von Daten an Dritte informieren können. Sie soll den Nutzer schon bei Beginn der Nutzung, beispielsweise vor dem Herunterladen einer App, informieren.[30] Mehr als die Hälfte der 2015 von ePrivacy getesteten Apps hatten jedoch gar keine Datenschutzerklärung.[31] Um den Nutzern schnell und unkompliziert Orientierung zu bieten, können anerkannte Gütesiegel verwendet werden.[32]

3.2.2 Intervenierbarkeit

Das Schutzziel der Intervenierbarkeit umfasst die Anforderung, dass Datenverarbeiter und betroffene Personen jederzeit die Datenverarbeitung steuern können, indem sie sie stoppen, starten und die Einstellungen der Art und Weise verändern können.[33]

Generell erfordert jede Verarbeitung personenbezogener Daten die Zustimmung (**Einwilligung**) des Nutzers, denn im Datenschutzrecht gilt das Verbot mit Erlaubnisvorbehalt: „Alles ist verboten, was nicht erlaubt ist."[34] Das heißt auch, dass Daten immer nur beim Betroffenen selbst erhoben werden dürfen – so ist es beispielsweise nicht erlaubt, Daten von Personen im Umfeld eines Nutzers von Wearables beispielsweise durch Videoaufzeichnung zu erheben (Grundsatz der Direkterhebung).[35] Im Gesundheitswesen gelten

---

[27]IWGDPT (2015, S. 3 f.).

[28]Heckmann (2012, S. 275 f.).

[29]DIVSI (2016, S. 108 f.).

[30]CHARISMHA (2016, S. 27 und 32).

[31]ePrivacy (2015, S. 3).

[32]CHARISMHA (2016, S. 32 und 34).

[33]Rost (2012, S. 357).

[34]Lüke (2012, S. 155). Siehe auch Heckmann (2012, S. 269).

[35]Heckmann (2012, S. 270).

zusätzlich die Maximen der medizinischen Selbstbestimmung und Wahlfreiheit für Patienten. Wie bereits erwähnt, ist die Möglichkeit, die Verarbeitung der eigenen Daten zu kontrollieren, entscheidend für die Akzeptanz von E-Health bei den Patienten.[36]

Neben der expliziten Einwilligung durch den Nutzer (Opt-In) kann eine Erlaubnis in der Umsetzung eines mit einem Patienten geschlossenen Vertrages bestehen oder durch weitere per Gesetz ermöglichte Verarbeitungen von personenbezogenen Daten.

Die Einwilligung (Opt-In) ist eng verknüpft mit dem Gebot der Transparenz und Aufklärung: Das Opt-In stellt sicher, dass der Nutzer sich bewusst und gut informiert für die Nutzung und Speicherung seiner Daten entscheidet.[37] Wichtige Punkte beim Opt-In sind in der neuen europäischen Datenschutz-Grundverordnung (DSGVO) zusammengefasst:[38] Die Einwilligung muss beim ersten Kontakt, beispielsweise während des Ladevorgangs einer Webseite, sowie in verständlichen Worten und gesondert von anderen Informationen eingefordert werden. Der Nutzer muss für den spezifischen Nutzungsfall, ohne Zwang und wohl informiert seine Zustimmung erteilen. Seine Zustimmung muss eindeutig erfolgen, entweder in Form einer ausdrücklichen Erklärung oder in Form anderer Aktionen, beispielsweise indem er weitersurft, nachdem er das Informationsfenster geschlossen hat. Des Weiteren sollte es jederzeit möglich sein, ebenso einfach seine Zustimmung zu entziehen wie zu erteilen. Das Zustandekommen eines Vertrages darf nicht von der Zustimmung abhängen, wenn die Nutzung der personenbezogenen Daten für den Vertrag nicht notwendig ist.

Im Zusammenhang mit der Datenschutzerklärung muss gleichzeitig die Möglichkeit zum Widerruf (Opt-Out) angeboten werden. Dieser muss ebenso einfach wie der Opt-In und jederzeit möglich sein. Die „International Working Group on Data Protection in Telecommunications" empfiehlt in ihrem Arbeitspapier von April 2015 für Wearables außerdem, Nutzern die Möglichkeit zu geben, die Einstellungen des Gerätes zu verändern oder die Datenerhebung kurzzeitig auszusetzen. Die Auswahlmöglichkeiten sollten dabei einfach und nicht zu umfangreich sein. Ebenfalls sollten Nutzer die Granularität der über sie erhobenen und durch Dritte weiterverarbeiteten Daten einstellen können. Die Umstellung auf eine lokale Datenspeicherung sollte jederzeit möglich sein. Des Weiteren fordert die Arbeitsgruppe, den Einsatz von Wearables am Arbeitsplatz freizustellen, ohne dass diejenigen, die sich gegen die Nutzung entscheiden, dadurch Nachteile haben.[39]

In der Realität des Gesundheitswesens ist es nicht ganz einfach, die Freiwilligkeit der Einwilligung festzustellen: Stimmt beispielsweise jemand zu, seine Gesundheitsdaten an eine Krankenkasse zu übermitteln, erfolgt das grundsätzlich im Rahmen der informationellen Selbstbestimmung. Es ist jedoch schwer nachzuweisen, ob diese Entscheidung wirklich

---

[36]PWC Strategy& (2016, S. 125).

[37]Heckmann (2012, S. 270).

[38]Vgl. DSGVO, Erwägungsgründe 32 und 42 sowie Artikel 7.

[39]IWGDPT (2015, 3–4 und 6–7).

freiwillig gefällt wurde, oder ob finanzielle oder sonstige Vor- oder Nachteile dazu beweg-ten. Die Bundesbeauftragte für den Datenschutz und die Informationsfreiheit Andrea Voß-hoff sieht die Übermittlung von Gesundheitsdaten an Krankenkassen kritisch: „Durch die unbedachte Übermittlung von Gesundheitsdaten, die nach unbekannten Algorithmen aus-gewertet werden, entsteht für den Versicherten ein unkalkulierbares datenschutzrechtliches Risiko. Zudem wächst der Druck, in die Übermittlung sensibler Gesundheitsdaten einzu-willigen, auch für den, der dies gar nicht möchte, aber befürchten muss, ansonsten keine private Kranken- oder Lebensversicherung mehr abschließen zu können."[40] Das könnte letztlich die Solidargemeinschaft als Basis der Krankenkassen untergraben.

Des Weiteren sind die Betroffenenrechte zu respektieren: Nutzer besitzen das Recht auf Mitteilung, Löschung, Berichtigung und Sperrung der von ihnen erhobenen Daten. Sie können sich außerdem über die Datenverarbeitung beschweren und bei scheinbar fal-schen Daten eine Gegendarstellung an die Datenübermittlung knüpfen.[41] Das Auskunfts-recht umfasst das Recht, Auskunft darüber zu erhalten, welche Daten über sie von wem, wie und zu welchem Zweck erhoben und verarbeitet und an wen übermittelt werden. Es handelt sich dabei allerdings um eine Holschuld: Der Betroffene muss die Auskünfte aktiv einholen, er wird nicht automatisch über die Details der Datenverarbeitung in sei-nem Fall informiert. Die Auskunft ist in der Regel unentgeltlich.[42]

Gerade Nutzer von Wearables sollten die Richtigkeit der erhobenen Daten überprü-fen können, um beispielsweise Fehldiagnosen oder eine falsche Bewertung der Arbeits-leistung am Arbeitsplatz zu vermeiden.[43] Im Zuge der Digitalisierung hat sich das Recht auf Löschung zu einem Recht auf Vergessen erweitert – dessen Umsetzung ist jedoch schwierig, da Inhalte im Internet unendlich oft weiterverbreitet werden können, sodass Kopien bestehen bleiben können, auch wenn das ursprüngliche Datum gelöscht wurde.[44]

3.2.3 Nichtverkettbarkeit: Datensparsamkeit und Zweckbindung

Die Datenverarbeitung darf grundsätzlich nur an einen bestimmten Zweck gebunden erfolgen (Nichtverkettbarkeit).[45] Das bedeutet: „Jede Zweckänderung bedarf als eigen-ständiger Eingriff in die informationelle Selbstbestimmung einer eigenen Ermächti-gungsgrundlage (Gesetz oder Einwilligung). Der Grundsatz der Zweckbindung untersagt es, die bei verschiedenen Stellen vorhandenen Daten zusammenzuführen. Er wirkt somit

---

[40]DIVSI (2016, S. 23).

[41]Dix (2012, S. 293 f.) und IWGDPT (2015, S. 3).

[42]Dix (2012, 291 und 293).

[43]IWGDPT (2015, S. 7).

[44]Dix (2012, S. 295).

[45]Rost (2012, S. 357).

der Erstellung von Persönlichkeitsprofilen [...] entgegen."[46] Damit trifft dieses Schutzziel genau die „allgemeine Skepsis und Unsicherheit vieler Ärzte gegenüber der Vernetzung von Gesundheitsdaten"[47]. Anonymisierung und Pseudonymisierung sollten die
Privatsphäre schützen, wenn die Verfahren nicht unverhältnismäßig aufwendig sind oder
dem Zweck der Datenverarbeitung widersprechen.[48] Diese Verfahren sind jedoch im
Gesundheitsbereich nur mit größerem Aufwand umzusetzen.

Mit der Zweckbindung hängt das Gebot der Datensparsamkeit zusammen: Es sollen nur
so viele Daten wie nötig und so wenige wie möglich erfasst und verarbeitet werden – also
nur die Daten, die für den angegebenen Zweck zwingend erforderlich sind. Dies formuliert
das deutsche Gesetz jedoch nur als Zielvorgabe, nicht als Pflicht.[49] Die Datensparsamkeit
ist gleichzeitig auch ein Ratschlag für die Nutzer: Zum Schutz der eigenen Privatsphäre
empfiehlt es sich, nur die Daten anzugeben, die für einen Service dringend erforderlich sind.

Die Datensparsamkeit kann durch datenschutzfreundliche Gestaltungen und entsprechende Voreinstellungen (Privacy by Design und Privacy by Default) eines Produktes bzw. einer Technologie unterstützt werden: „Oft kann eine ‚datenschutzfreundliche
Modellierung' entsprechender Software mehr leisten als Gesetze und damit verbundene
Rechtsdurchsetzungsverfahren."[50]

Allerdings besteht ein Widerspruch zwischen dem gesetzlichen Gebot der Datensparsamkeit und Big Data:[51] Bei Big Data kann man heute noch gar nicht erahnen, welche
Informationen später einmal aus den Daten entstehen. Es ist daher schwierig, den Zweck
der Datennutzung im Vorhinein anzugeben und dazu eine Einwilligung einzuholen.[52]
Auch die „International Working Group on Data Protection in Telecommunications" hält
es für „zunehmend schwierig, den Grundsatz der Zweckbindung [...] in einer Welt von
allgegenwärtiger Rechentechnik und mobilen Endgeräten anzuwenden."[53]

3.2.4 Verfügbarkeit: Datensicherung

Das Schutzziel der Verfügbarkeit bedeutet, dass Daten innerhalb einer angemessenen
Zeit zur Verfügung stehen sollen, dass der Zugriff auf die Daten gesichert ist und dass
die Daten ihrem Zweck nach verwendet werden können.[54] Daten müssen also verläss-

---

[46]Heckmann (2012, S. 271).
[47]DIVSI (2016, S. 90).
[48]Heckmann (2012, S. 273).
[49]Heckmann (2012, S. 272 f.) Siehe auch Schaar (2012, S. 364 ff.).
[50]Heckmann (2012, S. 267).
[51]DIVSI (2016, S. 7) und Weichert (2014, S. 835). Siehe auch PWC Strategy& (2016, S. 74).
[52]DIVSI (2016, S. 114).
[53]IWGDPT (2015, S. 5).
[54]Rost (2012, S. 355).

lich gespeichert werden und dürfen nicht verloren gehen. Dafür können Sicherheitskopien von Daten sorgen. Damit bei einem Systemausfall der Nutzer keine Nachteile spürt,
sollte ein Ersatzsystem einspringen. Es ist auch Aufgabe der Anbieter, die Portabilität der
Nutzerdaten sicherzustellen und dafür passende Hilfsmittel anzubieten.[55]

Die Verfügbarkeit und Sicherung von Daten ist im Gesundheitssektor besonders relevant: Die Kenntnis von Vorerkrankungen, bisherigen Behandlungen und Medikationen
kann im Einzelfall überlebenswichtig sein und darf auf keinen Fall durch beispielsweise
das Datenleck einer unsicheren Patientenakte verloren gehen. Auch beispielsweise beim
Systemausfall in einem voll vernetzten Krankenhaus könnte durch die (vorübergehende)
Nicht-Verfügbarkeit von Daten eine große Gesundheitsgefährdung entstehen, indem
Behandlungen falsch, verspätet oder irrtümlich gar nicht erfolgen.

3.2.5   Integrität: Schutz vor Angriffen und Manipulation

Die Integrität der Daten bedeutet, dass die Daten während ihrer Verarbeitung „unver-
sehrt, vollständig und aktuell"[56] bleiben sollen. Die Integrität der Daten kann z. B. durch
den Abgleich von Hashwerten gesichert werden.

Das System soll verlässlich seinen Zweck erfüllen und keine Nebenwirkungen erzeu-
gen. Im eben genannten Beispiel eines digital vernetzten Krankenhauses könnte ein
Hacking-Angriff das Leben unzähliger Patienten gefährden und dem Krankenhaus großen Schaden in der öffentlichen Meinung zufügen. Die unbemerkte Manipulation von
Gesundheitswerten könnte auch bei der individuellen Nutzung von mHealth-Geräten und
Wearables großen Schaden anrichten, indem beispielsweise Insulinwerte manipuliert
werden.

3.2.6   Vertraulichkeit: Schutz vor Einsicht durch Unbefugte

Unbefugte, also nicht mit der Datenverarbeitung betraute Dritte, dürfen keine Einsicht
in die Datenbestände haben oder Betroffene identifizieren können. Dazu können beispielsweise die Datenübertragung verschlüsselt und Serverräume oder Netzbereiche
abgeschottet werden.[57] Sensitive Gesundheitsdaten könnten beispielsweise bei unbefugter Einsicht durch (potenzielle) Arbeitgeber im Krankheitsfall des Angestellten zum
Ausbleiben von Beförderungen oder gar Kündigungen unter einem Vorwand führen oder
eine Neueinstellung verhindern.

---

[55]IWGDPT (2015, S. 4).
[56]Rost (2012, S. 356).
[57]Rost (2012, S. 356).

Deshalb ist es gerade im Gesundheitsbereich unabdingbar, die Grundprinzipien des Datenschutzes einzuhalten. Im folgenden Kapitel werden die gesetzlichen Rahmenbedingungen vorgestellt, die genau das gewährleisten sollen.

Literatur

Albrecht, U.-V./Höhn, M./von Jan, U. (2016): Kapitel 2. Gesundheits-Apps und Markt; erschienenin Albrecht, U.-V. (Hrsg.) (2016), Chancen und Risiken von Gesundheits-Apps (CHARISMHA).Medizinische Hochschule Hannover, S. 62–82. Zitiert als: CHARISHMA 2016, S.

DIVSI (Hrsg.) (2016): Big Data, Hamburg. Zitieren als DIVSI 2016, S.

Dix, Alexander: Betroffenenrechte im Datenschutz; erschienen in Schmidt, Jan-Hinrik/Weichert, Thilo (Hrsg.) (2012): Datenschutz. Grundlagen, Entwicklungen und Kontroversen, Bonn, S. 290–297. Zitieren als: Dix 2012, S.

Pramann, O. (2016): Kapitel 10. Gesundheits-Apps und Datenschutz; erschienen in Albrecht, U.-V. (Hrsg.) (2016), Chancen und Risiken von Gesundheits-Apps (CHARISMHA). Medizinische Hochschule Hannover, S. 214–227. Zitiert als: Pramann 2016, S.

Trepte, Sabine (2012): Privatsphäre aus psychologischer Sicht; erschienen in Schmidt, Jan-Hinrik/Weichert, Thilo (Hrsg.) (2012): Datenschutz. Grundlagen, Entwicklungen und Kontroversen, Bonn, S. 59–66. Zitiert als: Trepte 2012, S.

Lewinski, Kai v. (2012): Zur Geschichte von Privatsphäre und Datenschutz – eine rechtshistorische Perspektive; erschienen in Schmidt, Jan-Hinrik/Weichert, Thilo (Hrsg.) (2012): Datenschutz. Grundlagen, Entwicklungen und Kontroversen, Bonn, S. 23–33. Zitiert als: Lewinski 2012, S.

Rost, Martin (2012): Die Schutzziele des Datenschutzes; erschienen in Schmidt, Jan-Hinrik/Weichert, Thilo (Hrsg.) (2012): Datenschutz. Grundlagen, Entwicklungen und Kontroversen, Bonn, S. 353–362. Zitieren als: Rost 2012, S.

Papier, Hans-Jürgen (2012): Verfassungsrechtliche Grundlegung des Datenschutzes, erschienen in Schmidt, Jan-Hinrik/Weichert, Thilo (Hrsg.) (2012): Datenschutz. Grundlagen, Entwicklungen und Kontroversen, Bonn, S. 67–77. Zitieren als: Papier 2012, S.

Fiedler, Christoph (2012): Freiheit und Grenzen der Datenverarbeitung am Beispiel adressierter Werbung, erschienen in Schmidt, Jan-Hinrik/Weichert, Thilo (Hrsg.) (2012): Datenschutz. Grundlagen, Entwicklungen und Kontroversen, Bonn, S. 165–171. Zitieren als Fiedler 2012, S.

Weichert, Thilo (2014): Big Data, Gesundheit und der Datenschutz, erschienen in Datenschutz und Datensicherheit 12/2014, S. 831–838. Zitieren als: Weichert 2014, S.

Bartmann, Franz-Joseph (2012): Der kalkulierte Patient; erschienen in Schmidt, Jan-Hinrik/Weichert, Thilo (Hrsg.) (2012): Datenschutz. Grundlagen, Entwicklungen und Kontroversen, Bonn, S. 178–187. Zitieren als: Bartmann 2012, S.

Lüke, Falk (2012): Datenschutz aus Verbrauchersicht, erschienen in Schmidt, Jan-Hinrik/Weichert, Thilo (Hrsg.) (2012): Datenschutz. Grundlagen, Entwicklungen und Kontroversen, Bonn, S. 154–164. Zitiert als: Lüke 2012, S.

Wagner, Edgar (2012): Datenschutz als Bildungsaufgabe; erschienen in Schmidt, Jan-Hinrik/Weichert, Thilo (Hrsg.) (2012): Datenschutz. Grundlagen, Entwicklungen und Kontroversen, Bonn, S. 88–98. Zitieren als: Wagner 2012, S.

Hansen, Marit (2012): Überwachungstechnologie; erschienen in Schmidt, Jan-Hinrik/Weichert, Thilo (Hrsg.) (2012): Datenschutz. Grundlagen, Entwicklungen und Kontroversen, Bonn, S. 78–87. Zitieren als: Hansen 2012, S.

Andelfinger, Volker P./Hänisch, Till (Hrsg.) (2016): eHealth. Wie Smartphones, Apps und Wearables die Gesundheitsversorgung verändern werden, Wiesbaden. Zitiert als: Andelfinger/Hänisch 2016, S.

Bittner, Dr. Johannes (2016): Digitale Gesundheit: Lasst uns die gleiche Sprache sprechen. Aufgerufen am 28. Juli 2016 http://blog.der-digitale-patient.de/digitale-gesundheit-gleiche-sprache/. Zitieren als Bittner 2016.

Bund für Datenschutz: Entschließung der 91. Konferenz der unabhängigen Datenschutzbehörden des Bundes und der Länder (2016): Wearables und Gesundheits-Apps – Sensible Gesundheitsdaten effektiv schützen! Zitieren als: BfDI 2016.

Fischer,Florian & Alexander Krämer (Hrsg.) (2016). eHealth in Deutschland. Anforderungen und Potenziale innovativer Versorgungsstrukturen. Berlin, Heidelberg: Springer Vieweg. Zitieren als: Fischer 2016, S.

International Working Group on Data Protection in Telecommunications (IWGDPT) (2015): Arbeitspapier zum Datenschutz bei tragbaren Endgeräten („Wearables"), Seoul 2015. Zitiert als: IWGDPT 2015, S.

Heckmann, Dirk (2012): Grundprinzipien des Datenschutzrechts, erschienen in Schmidt, Jan-Hinrik/Weichert, Thilo (Hrsg.) (2012): Datenschutz. Grundlagen, Entwicklungen und Kontroversen, Bonn, S. 267–279. Zitieren als: Heckmann 2012, S.

ePrivacy (Hrsg.) (2015): Datensicherheit und Datenschutz von Medical Apps, Hamburg. Zitieren als: ePrivacy 2015, S.

PWC Strategy& (2016): Weiterentwicklung der eHealth-Strategie: Studie im Auftrag des Bundesministeriums für Gesundheit, Berlin. Aufgerufen am 09. November 2016: http://www.bundesgesundheitsministerium.de/fileadmin/Dateien/3_Downloads/E/eHealth/BMG-Weiterentwicklung_der_eHealth-Strategie-Abschlussfassung.pdf. Zitieren als: PWC Strategy& 2016, S.

Schaar, Peter (2012): Systemdatenschutz – Datenschutz durch Technik oder warum wir eine Datenschutztechnologie brauchen; erschienen in Schmidt, Jan-Hinrik/Weichert, Thilo (Hrsg.) (2012): Datenschutz. Grundlagen, Entwicklungen und Kontroversen, Bonn, S. 363–371. Zitieren als: Schaar 2012, S.

Der rechtliche Rahmen für Datenschutz bei E-Health

4

Frank Eickmeier

4.1 Gesetze, Richtlinien und Beschlüsse

Der gesetzliche Rahmen für E-Health und mHealth ist vielfältig und selbst für Einge-weihte kaum noch zu überschauen. Nachfolgend soll daher der Versuch unternommen werden, die wichtigsten Regelungen aufzuzeigen.

4.1.1 Bundesdatenschutzgesetz

Das Bundesdatenschutzgesetz (BDSG) ist die grundlegende Regelung für den Umgang mit personenbezogenen Daten in Deutschland. Gemeinsam mit den jeweiligen Daten-schutzgesetzen der Länder setzt es die Datenschutzrichtlinie der EU (Richtlinie 95/46/EG) in Deutschland um. Auf das Bundesdatenschutzgesetz ist immer zurückzugreifen, wenn es keine spezialgesetzlichen Regelungen, wie z. B. im Onlinebereich das Teleme-diengesetz, gibt.

Ein wesentlicher Grundsatz des Gesetzes ist das sogenannte Verbotsprinzip mit Erlaubnisvorbehalt. Dieses Prinzip besagt, dass die Erhebung, Verarbeitung und Nut-zung von personenbezogenen Daten an und für sich verboten ist. Sie ist nur dann erlaubt, wenn entweder eine klare Rechtsgrundlage gegeben ist oder wenn die betroffene Per-son ausdrücklich ihre Zustimmung zur Erhebung, Verarbeitung und Nutzung gegeben hat (§ 4, § 4a BDSG). Das BDSG enthält auch Regelungen zur Anonymisierung und Pseudonymisierung von Daten (§ 3 BDGS). Es definiert auch den Grundsatz der „Daten-sparsamkeit" und „Datenvermeidung": Danach sollen alle Datenverarbeitungssysteme so ausgerichtet sein, dass sie keine oder so wenige personenbezogene Daten wie möglich verwenden. Insbesondere ist danach von den Möglichkeiten der Anonymisierung und Pseudonymisierung von Daten Gebrauch zu machen.

© Springer Fachmedien Wiesbaden GmbH 2018
C. Bauer et al., *E-Health: Datenschutz und Datensicherheit,*
https://doi.org/10.1007/978-3-658-15091-4_4

Das BDSG gilt in sachlicher Hinsicht sowohl für öffentliche als auch für nicht öffentliche Stellen, also private Personen oder Unternehmen. In räumlicher Hinsicht gilt das BDSG für alle deutschen Unternehmen. Es gilt aber auch für im Ausland sitzende Unternehmen, die personenbezogene Daten in Deutschland verarbeiten.

Das BDSG regelt auch die Rechte der betroffenen Personen. Jeder kann Auskunft darüber verlangen, ob und welche personenbezogenen Daten über ihn gespeichert sind, er kann aber auch die Berichtigung von falschen personenbezogenen Daten und sogar die Sperrung seiner Datensätze verlangen.

4.1.2 Telemediengesetz

Das Telemediengesetz (TMG) regelt die rechtlichen Rahmenbedingungen für Telemedien in Deutschland, also insbesondere für die meisten Onlineunternehmen. Es ist das zentrale Gesetz für alle Anwendungen, die sich im Internet, aber auch auf sonstigen Online- und Mobile-Geräten abspielen. Lediglich einige ergänzende Vorschriften finden sich auch im Rundfunkstaatsvertrag, dort in den §§ 54 ff, z. B. zum Impressum.

Zu den Telemedien, die das TMG regelt, gehören nahezu alle Angebote im Internet, wie beispielsweise Internetseiten, Webshops, Online-Suchmaschinen, Web-Mail-Dienste und Apps. Auch private Webseiten und Blogs gelten als Telemedien. Umgangssprachlich wird das TMG daher auch als „Internetgesetz" bezeichnet. Es regelt beispielsweise in seinem § 5 eine Vorschrift zur Aufnahme eines Impressums in jedem Telemedium. Eine weitere zentrale Vorschrift ist § 13 TMG, in der die zentralen Pflichten eines jeden Anbieters von Online- oder Mobile-Angeboten geregelt sind. Insbesondere ist dort verankert, dass jeder Anbieter solcher Angebote über eine Datenschutzerklärung verfügen muss. Eine weitere wichtige Vorschrift ist § 15 Abs. 3: Diese Vorschrift regelt europaweit einzigartig, dass ein Diensteanbieter für Zwecke der Werbung und Marktforschung pseudonyme Nutzungsprofile erstellen darf, sofern der Nutzer dem nicht widerspricht und der Diensteanbieter den Nutzer auf sein Widerspruchsrecht im Rahmen der Datenschutzerklärung hingewiesen hat. Aller Voraussicht nach wird das TMG allerdings nach Inkrafttreten der Datenschutz-Grundverordnung nur noch als Rumpfgesetz fortgeführt werden. Derzeit werden entsprechende Änderungen der gesetzlichen Bestimmungen durch das Bundesjustizministerium vorbereitet. Die weitere Entwicklung bleibt insoweit abzuwarten.

4.1.3 Strafgesetzbuch

Das Strafgesetzbuch (StGB) enthält eine im Datenschutz, insbesondere im medizinischen Bereich, wichtige Vorschrift über den Schutz von Privatgeheimnissen, nämlich § 203 StGB. Danach wird bestraft, „wer unbefugt ein fremdes Geheimnis, namentlich ein zum persönlichen Lebensbereich gehörendes Geheimnis (…), verrät, das ihm als Arzt, Zahnarzt, Tierarzt, Apotheker oder Angehöriger eines anderen Heilberufes, der für die Berufsausübung oder die Führung eine staatlich geregelte Ausbildung erfordert, anvertraut worden oder auf andere Weise bekannt geworden ist." In dieser Vorschrift ist also die ärztliche Schweigepflicht verankert.

An diese ärztliche Schweigepflicht sind also nicht nur die Ärzte als solche, sondern auch die Angehörigen der nichtärztlichen Heilberufe mit staatlich geregelter Ausbildung gebunden, z. B. medizinische Fachangestellte, Krankenschwestern und Krankenpfleger, Hebammen, Krankengymnasten und medizinisch-technische Assistenten, aber auch technische Dienstleister. Gegenwärtig wird vor allem deshalb an einer Reform des § 203 StGB gearbeitet, vgl. insoweit den Referentenentwurf eines „Gesetzes zur Neuregelung des Schutzes von Geheimnissen bei der Mitwirkung Dritter an der Berufsausübung schweigepflichtiger Personen" sowie das Arbeitsergebnis der sogenannten „E-Health-Initiative des BMG", Projektgruppe Rechtliche Hemmnisse, „Position zum IT-Einsatz im Gesundheitswesen am Beispiel der Wartung und Fernwartung", Stand 21. Dezember 2016, beides abrufbar auf der Seite der Bitkom.

So forderte die 89. Konferenz der Datenschutzbeauftragten des Bundes und der Länder in ihrer Entschließung Nachbesserungen beim E-Health-Gesetz, insbesondere klare Regelungen zum Einsatz externer Dienstleister bei Berufsgeheimnisträgern:

> Der Bundesgesetzgeber muss klare Rahmenbedingungen für die Einschaltung externer Dienstleister durch Berufsgeheimnisträger schaffen und den Vertraulichkeitsschutz bei den Dienstleistern sicherstellen. Die Einschaltung von externen Dienstleistern ist für Berufsgeheimnisträger oft ohne Alternative, wenn sie – wie auch vom Gesetzgeber beispielsweise mit dem E-Health-Gesetz gewünscht – moderne Informationstechnik nutzen wollen. Jedoch ist damit regelmäßig die Gefahr eines Verstoßes gegen die Schweigepflicht verbunden.
>
> Vor diesem Hintergrund muss der Gesetzgeber Rechtssicherheit schaffen, unter welchen Voraussetzungen Berufsgeheimnisträger externe Dienstleister einschalten dürfen. Die notwendige rechtliche Regelung muss (z.B. in § 203 StGB) gewährleisten, dass die Kenntnisnahme von Berufsgeheimnissen auf das unbedingt Erforderliche beschränkt wird, die Dienstleister einer Schweigepflicht unterworfen und die Patientendaten auch bei ihnen durch ein Beschlagnahmeverbot abgesichert werden. Zudem muss durch Weisungsrechte der Berufsgeheimnisträger deren Verantwortlichkeit für die Berufsgeheimnisse gewahrt bleiben. Über technische und organisatorische Maßnahmen und über das Herstellen von Transparenz ist das für sensible Daten erforderliche Schutzniveau herzustellen.

Der bisherigen strafrechtlichen und übrigens auch berufsrechtlichen Schweigepflicht unterliegen auch die „berufsmäßig tätigen Gehilfen" von Ärzten und die „Personen, die bei ihnen zur Vorbereitung auf den Beruf tätig sind", also Arzthelfer, Arztsekretäre etc. Die ärztliche Schweigepflicht ist grundsätzlich auch gegenüber anderen Ärzten zu beachten. Es bedarf deshalb einer Rechtfertigung, wenn ein Arzt einem anderen Arzt z. B. zu Konsultationszwecken die Daten und Krankheitswerte eines Patienten übermittelt.

Die ärztliche Schweigepflicht gilt nur dann nicht, wenn der Patient in die Weitergabe seiner Daten eingewilligt hat oder wenn eine mutmaßliche Einwilligung vorliegt, z. B. weil der Patient sein Einverständnis nicht geben kann, etwa weil er ohne Bewusstsein ist. Die Offenbarungspflicht kann sich für einen Arzt auch aus den gesetzlichen Offenbarungspflichten ergeben. Schließlich ergibt sich eine Offenbarungsbefugnis auch noch aus dem sogenannten Güterabwägungsprinzip, denn nach dem sogenannten rechtfertigenden Notstand gemäß § 24 StGB darf der Arzt immer dann ein Patientengeheimnis offenbaren, wenn das Vertrauen des Patienten in die Verschwiegenheit seines Arztes gegenüber einem anderen Rechtsinteresse geringwertiger ist.

4.1.4   Musterberufsordnung für Ärzte

Die letzte Fassung der (Muster-)Berufsordnung für die in Deutschland tätigen Ärzte – MBO-Ä 1997 – wurde zuletzt durch den Beschluss des 118. Deutschen Ärztetages 2015 in Frankfurt am Main geändert.

Die MBO-Ä gelten für alle Ärzte, die in Deutschland praktizieren, und unabhängig davon, ob sie selbstständig, niedergelassen, im Krankenhaus tätig oder z. B. bei einem betriebsmedizinischen Dienst angestellt sind. Die MBO-Ä enthält die von jedem Arzt bei seiner Berufsausübung jeweils zu beachtenden Berufspflichten und Grundsätze für die Berufsausübung. Unter anderem normiert § 9 MBO-Ä eine gesonderte Schweigepflicht für Ärzte über das, was ihnen in ihrer Eigenschaft als Arzt anvertraut oder bekannt geworden ist.

4.1.5   IT-Sicherheitsstandards

Ohne Anspruch auf Vollständigkeit seien an dieser Stelle die wichtigsten Standards für IT-Sicherheit im Gesundheitswesen benannt. Für Hersteller von Medizinprodukten sind hier in erster Linie aufzuzählen:

- IEC62304, inkl. dem Ammendement I (2016) der IEC62304
- ISO14971

Darüber hinaus ist auf die US-Gesundheitsbehörde (Food and Drug Administration, kurz FDA) zu verweisen, die zwei Leitlinien veröffentlicht hat, die sich beide an Hersteller von Medizinprodukten wenden, allerdings mit unterschiedlichen Zielrichtungen:

- FDA Guidance: „Cyber security in medical devices"
- FDA Guidance: „Postmarked management of cyber security in medical device"

Weiterhin sind zu nennen:

- ISO/IEC27001 bzw. ISO27799 IT-Sicherheit im Gesundheitswesen. Diese neue Norm 27799 als sogenannte „Scope-Spezialisierung" der ISO27001–02 setzt neue Maßstäbe für Institutionen des Gesundheitssektors. Relevant ist diese Norm insbesondere für Kliniken, Verbünde, medizinische Versorgungszentren und Praxisgemeinschaften.

Die Norm ISO27799 bietet den relevanten Institutionen des Gesundheitswesens eine solide Grundlage, um ihre IT-Sicherheitssysteme gesetzeskonform gestalten zu können.

- Leitfaden Elektronische Kommunikation und Langzeitspeicherung elektronischer Daten, Prüfdienste des Bundes und der Länder, 22. April 2016.

Weitere IT-Sicherheitsstandards sind gut zusammengefasst im „Kompass der IT-Sicherheitsstandards" des Bitkom (frei abrufbar unter www.bitkom.de).

Neben den durch Gesetze und Verordnungen festgelegten Rahmenbedingungen sind insbesondere folgende vom Bundesamt für Sicherheit in der Informationstechnik (BSI), der Bundesbeauftragten für Datenschutz und Informationsfreiheit (BfDI) und vom Bundesinnenministerium herausgegebenen Werke, Standards und Empfehlungen in den jeweils aktuellen Fassungen zu beachten:

- BSI-Standard 100-1 bis 100-4
- Grundschutzkataloge
- Technische Richtlinie TR03138 „Ersetzendes Scannen" (TR-RESISCAN)
- Technische Richtlinie TR03125 „Beweiswerterhaltung kryptografisch signierter Dokumente"
  (TR-ESOR)
- „Handreichung zum datenschutzgerechten Umgang mit besonders schützenswerten Daten beim Versand mittels De-Mail" (BfDI vom 1. März 2013)
- „Minikommentar zum Gesetz zur Förderung der elektronischen Verwaltung sowie zu Änderung weiterer Vorschriften" (BMI Referat O2 – Stand: 27. Juni 2013)
- Mindestanforderungen der Rechnungshöfe des Bundes und der Länder zum Einsatz der Informations- und Kommunikationstechnik – Leitlinien und gemeinsame Maßstäbe für IuK-Prüfungen, Stand: November 2011
- Organisationskonzept elektronische Verwaltungsarbeit (Herausgeber: Bundesministerium des Innern)
- Mindeststandard des BSI für den Einsatz des SSL/TLS-Protokolls durch Bundesbehörden (Version 1.0, Stand 2014).

4.1.6 E-Health Gesetz

Am 1. Januar 2016 ist das „Gesetz für sichere digitale Kommunikation und Anwendungen im Gesundheitswesen" (E-Health-Gesetz) in Kraft getreten (Bundesgesetzblatt I 2015, Nr. 54 v. 28. Dezember 2015). Mit dem E-Health-Gesetz wird auf Basis der Zeitpläne der gematik (Gesellschaft für Telematikanwendungen – eine Organisation, die von den Spitzenverbänden der Leistungserbringer und Kostenträger des deutschen Gesundheitswesens am 11. Januar 2005 gegründet wurde) und der Industrie ein Zeitfenster für die bundesweite Einführung der Telematik-Infrastruktur festgeschrieben, das Mitte 2016 begann. Bis Mitte 2018 sollen Arztpraxen und Krankenhäuser flächendeckend an die Telematik-Infrastruktur angeschlossen sein (flächendeckender Rollout).

Patienten bekommen durch dieses Gesetz erstmals die Möglichkeit, auch selbst Daten – z. B. aus Fitnesstrackern oder Wearables – dem Arzt zu übermitteln. Das E-Health-Gesetz schreibt einen konkreten Fahrplan für die Einführung nutzbringender Anwendungen und einer sicheren digitalen Autobahn im Gesundheitswesen vor.

Ein modernes Stammdatenmanagement (Online-Prüfung und Aktualisierung von Versichertenstammdaten) soll für aktuelle Daten in der Arztpraxis sorgen und vor Leistungsmissbrauch zulasten der Beitragszahler schützen. Diese erste Onlineanwendung der elektronischen Gesundheitskarte soll nach erfolgreichem Probelauf bis Mitte 2018 flächendeckend eingeführt werden. Damit werden zugleich die Online-Strukturen für wichtige medizinische Anwendungen geschaffen. Ab 1. Juli 2018 sind pauschale Kürzungen der Vergütung der Ärzte und Zahnärzte vorgesehen, die nicht an der Online-Prüfung der Versichertenstammdaten teilnehmen.

Medizinische Notfalldaten sollen ab 2018 auf Wunsch des Versicherten auf der elektronischen Gesundheitskarte gespeichert werden. Damit sollen wichtige Informationen über bestehende Allergien oder Vorerkrankungen im Ernstfall schnell verfügbar sein. Ab 2018 soll der Medikationsplan auch elektronisch von der Gesundheitskarte abrufbar sein.

Mit dem E-Health-Gesetz wird zudem der Einstieg in die elektronische Patientenakte gefördert. Die gematik muss bis Ende 2018 die Voraussetzungen dafür schaffen, dass Daten der Patienten (z. B. Arztbriefe, Notfalldaten, Daten über die Medikation) in einer elektronischen Patientenakte für die Patienten bereitgestellt werden können. Patienten sind dann in der Lage, ihre Behandler über ihre wichtigsten Gesundheitsdaten zu informieren.

Die Patienten erhalten deshalb auch einen Anspruch darauf, dass ihre mittels Gesundheitskarte gespeicherten Daten in ihr sogenanntes Patientenfach aufgenommen werden. Im Patientenfach können auch eigene Daten, z. B. ein Patiententagebuch über Blutzuckermessungen oder Daten von Wearables und Fitnessarmbändern, abgelegt werden. Die gematik muss bis Ende 2018 die Voraussetzungen für die Nutzung dieses Patientenfachs mit der elektronischen Gesundheitskarte schaffen, sodass Patienten ihre Daten auch außerhalb der Arztpraxis eigenständig einsehen können.

4.1.7 Empfehlungen der Art.-29-Datenschutzgruppe

Die Art.-29-Datenschutzgruppe ist das unabhängige Beratungsgremium der europäischen Kommission in Fragen des Datenschutzes. Die Gruppe besteht aus je einem Vertreter der jeweiligen nationalen Datenschutzbehörden. Die Art.-29-Gruppe äußert sich wiederholt in Empfehlungen und Stellungnahmen, die allerdings nicht bindend sind. Sie bieten dennoch eine sinnvolle Hilfestellung, wenn man sich bestimmten datenschutzrechtlichen Themen nähern will.

Von wesentlicher Bedeutung ist das Whitepaper „ANNEX – healthdata in apps and devices" vom 5. Februar 2015. Die Art.-29-Datenschutzgruppe befasst sich in diesem Whitepaper mit den datenschutzrechtlichen Grundlagen für und den Anforderungen an die Verarbeitung von Gesundheitsdaten. Diese werden im Zuge der Entwicklung von E-Health neu definiert. In ihrem Whitepaper fasst die Art.-29-Gruppe den Begriff der Gesundheitsdaten ausgesprochen weit und dehnt damit die Anwendbarkeit des erhöhten Schutzes von Gesundheitsdaten spürbar aus: Nach Ansicht der Art.-29-Gruppe sind nicht nur medizinische Daten Gesundheitsdaten, sondern auch Lifestyle- und Fitnessdaten. Diese weite Auslegung des Begriffs der Gesundheitsdaten führt dazu, dass Entwickler und Anbieter von E-Health-Produkten relativ schnell in den Anwendungsbereich für besondere Arten von personenbezogenen Daten (§ 3 Abs. 9 BDSG) geraten. Dementsprechend müsse eine Information zum Umgang mit Gesundheitsdaten gerade beim Einsatz von E-Health- oder Lifestyle-Apps vor der ersten Datenverarbeitung erteilt werden, also nach Auffassung der Art.-29-Gruppe bereits vor dem Download einer App. Ferner müssten weitere Datenschutzprinzipien wie der Zweckbindungsgrundsatz und das Gebot der Datensparsamkeit beachtet werden.

4.1.8 Beschlüsse des Düsseldorfer Kreises

Der sogenannte Düsseldorfer Kreis dient seit 2013 in der Konferenz der unabhängigen Datenschutzbehörden des Bundes und der Länder als Gremium der Kommunikation der Datenschutzbehörden untereinander. Der Düsseldorfer Kreis äußert sich in Beschlüssen und Orientierungshilfen, die ebenfalls eine sinnvolle Hilfestellung bieten. Von Bedeutung ist hier insbesondere der Beschluss des Düsseldorfer Kreises vom 4./5. Mai 2011 über die datenschutzkonforme Gestaltung und Nutzung von Krankenhausinformationssystemen.

4.1.9 IT Sicherheitsgesetz

Mit dem seit Juli 2015 gültigen „Gesetz zur Erhöhung der Sicherheit informationstechnischer Systeme" (IT-Sicherheitsgesetz) leistet die Bundesregierung einen Beitrag dazu, die IT-Systeme und digitalen Infrastrukturen Deutschlands zu den sichersten weltweit zu machen. Insbesondere im Bereich der Kritischen Infrastrukturen (KRITIS) wie etwa der Strom- und Wasserversorgung, Finanzen oder der Ernährung hätte ein Ausfall oder eine Beeinträchtigung der Versorgungsdienstleistungen dramatische Folgen für Wirtschaft, Staat und Gesellschaft in Deutschland. Die Verfügbarkeit und Sicherheit der IT-Systeme spielt somit, speziell im Bereich der Kritischen Infrastrukturen, eine wichtige und zentrale Rolle.

Ziele des IT-Sicherheitsgesetzes sind aber auch die Verbesserung der IT-Sicherheit in Unternehmen und in der Bundesverwaltung sowie ein besserer Schutz der Bürgerinnen und Bürger im Internet. Außer für die oben genannten Akteure gelten einzelne Regelungen des IT-Sicherheitsgesetzes daher auch für Betreiber von kommerziellen Webangeboten, die höhere Anforderungen an ihre IT-Systeme erfüllen müssen. Auch Telekommunikationsunternehmen sind künftig stärker gefordert. Sie werden verpflichtet, ihre Kunden zu warnen, wenn sie einen Missbrauch eines Kundenanschlusses feststellen. Zusätzlich sollen sie Betroffenen, wenn möglich, Lösungsmöglichkeiten aufzeigen. Die zuständige Aufsichtsbehörde ist in diesen Fällen die Bundesnetzagentur. Um diese Ziele zu erreichen, wurden unter anderem die Aufgaben und Befugnisse des Bundesamts für Sicherheit in der Informationstechnik (BSI) ausgeweitet.

4.1.10 Datenschutz-Grundverordnung

Nach jahrelangen Verhandlungen haben sich die Europäische Kommission, das Europäische Parlament und der Europäische Rat Ende 2015 auf einen Kompromisstext zur Datenschutzreform geeinigt. Damit steht fest, dass die im Mai 2016 in Kraft getretene EU-Datenschutz-Grundverordnung (DSGVO) ab Mai 2018 automatisch als für alle Mitgliedsstaaten verbindliches Recht anwendbar wird.

Für die E-Health-Branche ergeben sich durch diese Verordnung unter anderem folgende wichtige Änderungen, die teilweise erhebliche Auswirkungen auf die Produkt- und Dienstleistungsgestaltung haben können.

Zu nennen ist zunächst die Erweiterung des Konzeptes von personenbezogenen Daten um Online-Identifier wie z. B. Cookie-IDs, Advertising-IDs, IP-Adressen oder auch Standortdaten (Art. 4 DSGVO): Damit unterliegen zukünftig im Prinzip alle modernen Online- und Trackingtechnologien wie beispielsweise die Cookie-Synchronisation, das Cross Device Targeting, das Online Behavioral Advertising (OBA) und viele andere Targetingtechnologien den Datenschutzgesetzen.

Auch das Konzept der pseudonymen Daten, wie man es in Deutschland durch § 15 Abs. 3 TMG kennt, wird sich ändern. Neuregelungen gibt es auch zu den Voraussetzungen einer wirksamen Einwilligung, z. B. entfällt das Schriftformerfordernis (Art. 6 DSGVO).

Bemerkenswert ist auch die Einführung des Konzeptes, dass „berechtigte Interessen" von Unternehmen oder „redliche Erwartungen" der Nutzer es unter besonderen Bedingungen ermöglichen, personenbezogene Daten ohne Einwilligung der Nutzer zu verarbeiten (Art. 6 Abs. 1 f. DSGVO). Die Frage, was unter den Begriff des „berechtigten Interesses" fallen wird, wird vor allem bei mHealth und IoT-Technologien eine besondere Rolle spielen.

Neu ist auch die sogenannte Datenschutz-Folgenabschätzung. Diese wird für Technologieanbieter und Systembetreiber in einer genormten Form verpflichtend (Art. 33 DSGVO).

4.2 Grundbegriffe des Datenschutzrechts

4.2.1 Personenbezogene Daten

Personenbezogene Daten sind gemäß Art. 4 Abs. 1 DSGVO

> alle Informationen, die sich auf eine identifizierte oder identifizierbare natürliche Person (im Folgenden „betroffene Person") beziehen; als identifizierbar wird eine natürliche Person angesehen, die direkt oder indirekt, insbesondere mittels Zuordnung zu einer Kennung wie einem Namen, zu einer Kennnummer, zu Standortdaten, zu einer Online-Kennung oder zu einem oder mehreren besonderen Merkmalen identifiziert werden kann, die Ausdruck der physischen, physiologischen, genetischen, psychischen, wirtschaftlichen, kulturellen oder sozialen Identität dieser natürlichen Person sind.

Viele Daten, die aus Fitnesstrackern oder anderen mobilen Geräten generiert werden, werden nach dieser besonders breiten Definition daher zukünftig aller Voraussicht nach als personenbezogene Daten zu qualifizieren sein.

4.2.2 Anonyme Daten

Anonyme Daten liegen dann vor, wenn es nicht oder nur mit einem unverhältnismäßig großen Aufwand an Zeit und Kosten möglich ist, eine Person zu reidentifizieren. Anonyme Daten sind also z. B. statistische Daten, aggregierte Daten, aber auch zum Teil Daten, die in der Online- oder E-Health-Industrie verwendet werden. Jedes Smartphone übermittelt z. B. automatisch einen sogenannten „Identifier for Advertiser" (z. B. „IDFA" bei Apple). Dieses Datum ist für denjenigen, der nicht weiß, wer sich dahinter verbirgt, ein anonymes Datum. Für Apple ist die IDFA dagegen ein personenbezogenes Datum.

Anonyme Daten unterliegen nicht den Datenschutzgesetzen. In der Richtlinie 95/46/EG wird in Erwägungsgrund 26 im Hinblick auf die Anonymisierung festgestellt, dass anonymisierte Daten nicht in den Anwendungsbereich der Datenschutzvorschriften fallen:

> Die Schutzprinzipien müssen für alle Informationen über eine bestimmte oder bestimmbare Person gelten. Bei der Entscheidung, ob eine Person bestimmbar ist, sollten alle Mittel berücksichtigt werden, die vernünftigerweise entweder von dem Verantwortlichen für die Verarbeitung oder von einem Dritten eingesetzt werden könnten, um die betreffende Person zu bestimmen. Die Schutzprinzipien finden keine Anwendung auf Daten, die derart anonymisiert sind, dass die betroffene Person nicht mehr identifizierbar ist.

Auch die Art.-29-Gruppe hat in ihrer Stellungnahme aus dem Jahr 2014 (WP 216) hervorgehoben:

Anonymisierung stellt eine Weiterverarbeitung personenbezogener Daten dar und muss als solche der Anforderung der Vereinbarkeit unter Berücksichtigung der Rechtsgrundlagen und Bedingungen der Weiterverarbeitung entsprechen. Darüber hinaus fallen anonymisierte Daten zwar nicht in den Anwendungsbereich der Datenschutzvorschriften, jedoch genießen die betroffenen Personen unter Umständen das Recht auf Schutz nach Maßgabe anderer Vorschriften (beispielsweise über den Schutz der Vertraulichkeit der Kommunikation).

Diese Diskussion ist nunmehr durch ein Urteil des europäischen Gerichtshofes ergänzt worden, denn der EuGH befasst sich in der Entscheidung 582/14 in seinem Urteil vom 19. Oktober 2016 mit der Frage der Personenbeziehbarkeit von IP-Adressen. Der EuGH hat wie folgt entschieden:

Eine dynamische IP-Adresse, die von einem Anbieter von Online-Mediendiensten beim Zugriff einer Person auf eine Website gespeichert wird, ist für den Anbieter ein personenbezogenes Datum im Sinne der genannten Bestimmung, wenn er über „rechtliche" Mittel verfügt, die es ihm erlauben, die betreffende Person anhand der Zusatzinformationen, über die der Internetzugangsanbieter dieser Person verfügt, bestimmen zu lassen.

Diese Voraussetzungen seien in der Regel nach Ansicht des EuGH bei IP-Adressen erfüllt. Die Diskussion, ob eine IP-Adresse ein personenbezogenes Datum ist oder nicht, ist damit europaweit einheitlich entschieden.

Wörtlich schreibt der EuGH in seinem Urteil aber auch:

Ziff. 46 … Wie der Generalanwalt in Nr. 68 seiner Schlussanträge im Wesentlichen ausgeführt hat, wäre dies nicht der Fall, wenn die Identifizierung der betreffenden Person gesetzlich verboten oder praktisch nicht durchführbar wäre, z. B. weil sie einen unverhältnismäßigen Aufwand an Zeit, Kosten und Arbeitskräften erfordern würde, so dass das Risiko einer Identifizierung de facto vernachlässigbar erschiene.

Damit macht der EuGH deutlich, dass es auch im Internetzeitalter unverändert anonyme Daten geben kann, nämlich dann, wenn der jeweilige Datenverarbeiter nicht über die rechtlichen Mittel verfügt, um die dahinter stehende Person zu identifizieren und es für diesen Datenverarbeiter „einen unverhältnismäßigen Aufwand an Zeit, Kosten und Arbeitskräften" erfordern würde, die hinter dem jeweiligen Datum stehende Person zu ermitteln. Es bleibt daher abzuwarten, welchen Einfluss diese Entscheidung des Europäischen Gerichtshofes auf die weitere Auslegung des Begriffs der anonymen Daten haben wird. Dass diese Frage insbesondere im Bereich von mobilen Applikationen eine herausragende Bedeutung haben wird, liegt auf der Hand. Denn gerade die Daten, die von mHealth-Apps übertragen werden, liegen oftmals im Grenzbereich zwischen Anonymität und Personenbezug.

4.2.3   Pseudonyme Daten

Zwischen den anonymen und den personenbezogenen Daten stehen die pseudonymen
Daten.

§ 3 Abs. 6 a BDSG erläutert den Begriff wie folgt:

> Pseudonymisieren ist das Ersetzen des Namens und anderer Identifikationsmerkmale durch
> ein Kennzeichen zu dem Zweck, die Bestimmung des Betroffenen auszuschließen oder
> wesentlich zu erschweren.

Pseudonyme Daten sind also Daten, die verschlüsselt wurden und bei denen es für den
Inhaber des Schlüssels nach wie vor möglich ist, diese Daten wieder aufzulösen. In
Deutschland genießen diese pseudonymen Daten eine besondere Stellung. Denn der
Gesetzgeber erlaubt es im TMG, im Online- und Mobilbereich zu Zwecken der Wer-
bung Nutzerprofile zu erstellen, sofern diese unter Pseudonymen erstellt werden, unter
der Voraussetzung, dass in einer Datenschutzerklärung auf der jeweiligen Webseite auf
diese Erstellung von Nutzerprofilen hingewiesen wird und gleichzeitig dem Nutzer die
Möglichkeit gegeben wird, einen Widerspruch hiergegen (ein Opt-Out) zu erklären (§ 15
III TMG).

Das System der pseudonymen Daten wurde auch in die DSGVO übernommen: Pseudonymisierung ist gemäß Art 4 Nr. 5 DSGVO

> die Verarbeitung personenbezogener Daten in einer Weise, dass die personenbezogenen
> Daten ohne Hinzuziehung zusätzlicher Informationen nicht mehr einer spezifischen betrof-
> fenen Person zugeordnet werden können, sofern diese zusätzlichen Informationen gesondert
> aufbewahrt werden und technischen und organisatorischen Maßnahmen unterliegen, die
> gewährleisten, dass die personenbezogenen Daten nicht einer identifizierten oder identifi-
> zierbaren natürlichen Person zugewiesen werden.

4.2.4   Patientendaten

Patientendaten unterliegen traditionell dem besonderen Schutz des Patientengeheimnisses. Nach der Anpassung des allgemeinen Datenschutzrechtes an die Europäische
Datenschutzrichtlinie (EU-DSRL) wurden auch in das allgemeine Datenschutzrecht
Regelungen aufgenommen, die Patientendaten einem besonderen Schutz unterwerfen
(Richtlinie 95/46/EG des Europäischen Parlaments und des Rates vom 24. Oktober 1995
zum Schutz natürlicher Personen bei der Verarbeitung personenbezogener Daten und
zum freien Datenverkehr, ABl. EG Nr. L 281/31 vom 23.11.1995 (Art. 8 EU-DSRL)).

Im BDSG wurde 2001 deshalb die neue Kategorie der besonderen Arten personenbezogener Daten eingeführt. Dies sind „Angaben über die rassische und ethnische
Herkunft, politische Meinungen, religiöse oder philosophische Überzeugungen, Gewerkschaftszugehörigkeit, Gesundheit oder Sexualleben" (Art. 8 Abs. 1 EU-DSRL, § 3 Abs. 9
BDSG).

In der DSGVO wird diese besondere Form von Daten in § 4 Nr. 13–15 DSGVO angesprochen. Danach sind **genetische Daten** personenbezogene Daten zu den ererbten oder
erworbenen genetischen Eigenschaften einer natürlichen Person, die eindeutige Informationen über die Physiologie oder die Gesundheit dieser natürlichen Person liefern und
insbesondere aus der Analyse einer biologischen Probe der betreffenden natürlichen Person gewonnen wurden. **Biometrische Daten** sind dagegen mit speziellen technischen
Verfahren gewonnene personenbezogene Daten zu den physischen, physiologischen oder
verhaltenstypischen Merkmalen einer natürlichen Person, die die eindeutige Identifizierung dieser natürlichen Person ermöglichen oder bestätigen, wie Gesichtsbilder oder
daktyloskopische Daten. **Gesundheitsdaten** sind personenbezogene Daten, die sich auf
die körperliche oder geistige Gesundheit einer natürlichen Person, einschließlich der
Erbringung von Gesundheitsdienstleistungen, beziehen und aus denen Informationen
über deren Gesundheitszustand hervorgehen.

Mit dem sogenannten „Patientengeheimnis" werden verschiedene Schutzzwecke
verfolgt. Vorrangig geht es um den Schutz der Vertrauensbeziehung zwischen Arzt und
Patient. Das Patientengeheimnis dient damit auch dazu, die effektive Berufsausübung
des Arztes zu schützen. Mit ihm wird das Recht auf informationelle und medizinische
Selbstbestimmung des Patienten gewahrt. Das Bundesverfassungsgericht hat aber auch
zum Ausdruck gebracht, dass das Patientengeheimnis generell Voraussetzung für die
Aufrechterhaltung einer leistungsfähigen Gesundheitsfürsorge ist.[1]

Geheimnisse sind in diesem Zusammenhang Tatsachen, die nur einem beschränkten
Personenkreis bekannt sind und an deren Geheimhaltung derjenige, den sie betreffen,
ein begründetes Interesse hat. Voraussetzung ist nicht, dass der Patient das Geheimnis
kennt. Auch eine diesem gegenüber verschwiegene Krankheit ist ein solches Geheimnis.
Erst wenn eine Tatsache einer nicht mehr überschaubaren Zahl von Personen bekannt ist,
kann man nicht mehr von einem Geheimnis sprechen.

Das Patientengeheimnis umfasst alle Informationen, die mit der ärztlichen Behandlung in Zusammenhang stehen. Dazu gehört die Art der Krankheit, deren Verlauf, Anamnese, Diagnose, Therapie und Prognose, körperliche und geistige Feststellungen sowie
Patientendaten in Akten und auf elektronischen Datenträgern, Untersuchungsmate-
rial und Untersuchungsergebnisse. Dazu gehören aber auch sämtliche im Rahmen der
Behandlung bekannt gemachten Angaben über persönliche, familiäre, berufliche, wirtschaftliche und finanzielle Gegebenheiten, auch wenn diese keinen direkten Bezug zu
einer Krankheit haben. Schon der Name oder die Tatsache der Behandlung des Patienten
stellt ein Patientengeheimnis dar. Geschützt werden auch Informationen über Dritte, die
der Patient dem Arzt anvertraut.

Erfasst werden nur die Informationen, die dem Arzt in dessen Eigenschaft und Funktion anvertraut oder sonst bekannt geworden sind. Dabei spielt es keine Rolle, ob die
Kenntniserlangung mündlich, schriftlich, durch Augenschein oder auf sonstige Weise

---

[1]Vgl. ULD 2014.

erfolgte. Es genügt, wenn durch die ärztliche Berufsausübung die Möglichkeit der Kenntnisnahme entstanden ist, etwa durch beiläufige Bemerkungen des Patienten. Erfasst werden auch schon Kenntnisse, die bei der Anbahnung des Behandlungsverhältnisses erlangt wurden.

Das Patientengeheimnis hat zur Folge, dass nur die Personen Kenntnis von Behandlungsdaten erhalten dürfen, die diese im Rahmen des Behandlungsvorganges benötigen. Das Patientengeheimnis ist allumfassend. Es gilt auch gegenüber den in § 203 StGB genannten Personen (Ärzten, Krankenpflegern etc.) und deren berufsmäßig tätigen Gehilfen. Die Schweigepflicht gilt also auch gegenüber anderen Schweigepflichtigen. Die nicht erforderliche Weitergabe bzw. Offenbarung von Patientengeheimnissen an andere Ärzte oder Angehörige eines Heilberufes ist unzulässig.

Patientendaten sind zu löschen, wenn ihre Speicherung unzulässig ist. Die Unzulässigkeit kann darauf beruhen, dass die Erhebung bei den Betroffenen oder die Übermittlung von einem Dritten mit dem Datenschutzrecht nicht vereinbar war (z. B. wenn keine wirksame Einwilligungserklärung vorlag).

Eine Löschung muss auch erfolgen, sobald die Kenntnis der Daten für die Erfüllung des Zweckes der Speicherung nicht mehr erforderlich ist. Die fehlende Erforderlichkeit der weiteren Datenspeicherung ergibt sich nicht schon nach Abschluss einer Behandlung bzw. Untersuchung (§ 35 Abs. 2 BDSG, § 28 Abs. 2).

4.2.5 Forschungsdaten

Forschung – auch medizinische Forschung – genießt den Schutz unseres Grundgesetzes in Art. 5 Abs. 3 S. 1 und unserer europäischen Grundrechtecharta. Gemäß der Rechtsprechung des Bundesverfassungsgerichts wird Forschung gekennzeichnet durch ihre wissenschaftliche Eigengesetzlichkeit, wozu Folgendes gehört: Methodik, Systematik, Beweisbedürftigkeit, Nachprüfbarkeit, Kritikoffenheit und Revisionsbereitschaft. Entsprechend privilegiert werden so auch Dissertationen und Habilitationen, nicht aber Seminararbeiten. Im Ausnahmefall können aber Aktivitäten zu Ausbildungs- und Prüfungszwecken zugleich Forschungszwecke verfolgen und genießen insofern Schutz. Wesensmerkmal jeder privilegierten Forschung ist deren Unabhängigkeit, weshalb kommerziell motivierte Pharma-, Markt- und Meinungsforschungsprojekte ebenso wenig darunter fallen wie Untersuchungen im Rahmen von Aufsicht und Kontrolle, von Organisationsprüfung, der Qualitätssicherung und von Wirtschaftlichkeitskontrolle. Behandlungsbegleitende Maßnahmen sind keine Forschung. Sind aber behandelnder Arzt und Forschender identisch, so erfolgt keine Offenbarung von Patientengeheimnissen; diese Eigenforschung ist grundsätzlich erlaubt.

Die Frage, wie personenbezogene Daten für Forschungszwecke genutzt werden dürfen, beantworten insbesondere die Forschungsregelungen in den allgemeinen Datenschutzgesetzen, also z. B. für private Stellen das BDSG (für die Erhebung und Speicherung § 28 Abs. 3 S. 1 Nr. 4, Abs. 6 Nr. 4 und für den Umgang mit den Daten

§ 40) und für öffentliche Stellen das jeweilige Landesgesetz, z. B. für das Universitäts-
klinikum Kiel/Lübeck § 40 des Landesdatenschutzgesetzes Schleswig-Holstein.

Auch wenn sich die Rechtsgrundlagen unterscheiden, die darin enthaltenen Regeln
sind weitgehend identisch: Forschungsdaten unterliegen einer absoluten Zweckbindung,
d. h. sie dürfen für keinen anderen Zweck genutzt werden. Die Daten sind zum frühestmöglichen Termin zu anonymisieren bzw. pseudonymisieren, Referenzlisten sind separat zu führen. Eine personenbezogene Veröffentlichung kommt nur bei Einwilligung
der Betroffenen oder im Zusammenhang mit Ereignissen der Zeitgeschichte in Betracht
(§ 40 Abs. 3 BDSG). Ausnahmsweise können Forschungsprojekte auch auf der Basis
einer Verhältnismäßigkeitsprüfung personenbezogen durchgeführt werden (§ 28 Abs. 3
Nr. 4, Abs. 6 Nr. 4 BDSG). In diesem Fall sehen Landesregelungen teilweise Melde- und
Genehmigungspflichten vor. Teilweise gibt es aus Praktikabilitätsgründen weitere Sonderregelungen, etwa dass die Erfassung und Anonymisierung bei entsprechender Ver-
schwiegenheitsverpflichtung durch die Forschenden vorgenommen werden darf (vgl.
z. B. § 22 Abs. 2 LDSG SH).

Weiterhin gelten einige allgemeine Regeln, etwa die Pflicht zur Datenvermeidung/
Datensparsamkeit (§ 3a BDSG), zur Bestellung betrieblicher Datenschutzbeauftragter
(§§ 4 f, 4 g BDSG) oder zur Auftragsdatenverarbeitung (§ 11 BDSG). Bei Übermittlungen ins Ausland gelten Einschränkungen (§§ 4b, 4c BDSG).

An diesen Grundsätzen wird auch die Europäische Datenschutz-Grundverordnung
(DSGVO) nichts ändern. Diese enthält in den Art. 4 Abs. 13–15 DSGVO Definitionen
zu genetischen, biometrischen und Gesundheitsdaten. Die Rechtmäßigkeit der Datenverarbeitung kann durch Einwilligung erreicht werden (Art. 6 Abs. 1 a DSGVO). In Art.
89 DSGVO ist eine Forschungsklausel mit der Pflicht zur File-Trennung (Identifikatoren und Forschungsdaten) vorgesehen. Auf den besonderen Umgang mit wissenschaftlichen Daten wird mehrfach verwiesen (Art. 6 Abs. 2; Art. 9 h, Art. 17 Abs. 3 d) bzgl.
Löschung. Generell sind für die Verarbeitung von Gesundheitsdaten weiterhin nationale
Sonderregelungen zulässig (Art. 81 DSGVO). Durch die Verknüpfung von Informationen aus Registern können Forscher neue Erkenntnisse von großem Wert in Bezug auf
weit verbreitete Krankheiten wie Herz-Kreislauferkrankungen, Krebs und Depression
erhalten, das hebt Erwägungsgrund 157 zur DSGVO hervor. Durch die Verwendung von
Registern können bessere Forschungsergebnisse erzielt werden, da sie auf einen grö-
ßeren Bevölkerungsanteil gestützt sind. Im Bereich der Sozialwissenschaften ermöglicht die Forschung anhand von Registern den Forschern, entscheidende Erkenntnisse
über den langfristigen Zusammenhang einer Reihe sozialer Umstände zu erlangen, wie
Arbeitslosigkeit und Bildung mit anderen Lebensumständen. Durch Register erhaltene
Forschungsergebnisse bieten solide, hochwertige Erkenntnisse, die die Basis für die
Erarbeitung und Umsetzung wissensgestützter politischer Maßnahmen darstellen, die
die Lebensqualität zahlreicher Menschen und die Effizienz der Sozialdienste verbessern
können. Zur Erleichterung der wissenschaftlichen Forschung können daher personenbezogene Daten zu wissenschaftlichen Forschungszwecken verarbeitet werden, wobei
sie angemessenen Bedingungen und Garantien unterliegen, die im Unionsrecht oder im
Recht der Mitgliedstaaten festgelegt sind.

4.2.6 Sensible Daten

Es gibt besondere Arten von Daten, die der Gesetzgeber unter einen besonderen Schutz stellt. Diese Daten werden oft als „sensible Daten" bezeichnet.

§ 9 DSGVO untersagt die Verarbeitung personenbezogener Daten, aus denen die rassische und ethnische Herkunft, politische Meinungen, religiöse oder weltanschauliche Überzeugungen oder die Gewerkschaftszugehörigkeit hervorgehen, sowie die Verarbeitung von genetischen Daten, biometrischen Daten zur eindeutigen Identifizierung einer natürlichen Person, Gesundheitsdaten oder Daten zum Sexualleben oder der sexuellen Orientierung einer natürlichen Person.

Dieser Grundsatz gilt nicht in folgenden Fällen:

a) Die betroffene Person hat in die Verarbeitung der genannten personenbezogenen Daten für einen oder mehrere festgelegte Zwecke ausdrücklich eingewilligt;

b) die Verarbeitung ist erforderlich, damit der Verantwortliche oder die betroffene Person die ihm bzw. ihr aus dem Arbeitsrecht und dem Recht der sozialen Sicherheit und des Sozialschutzes erwachsenden Rechte ausüben und seinen bzw. ihren diesbezüglichen Pflichten nachkommen kann;

c) die Verarbeitung ist zum Schutz lebenswichtiger Interessen der betroffenen Person oder einer anderen natürlichen Person erforderlich und die betroffene Person ist aus körperlichen oder rechtlichen Gründen außerstande, ihre Einwilligung zu geben;

d) die Verarbeitung erfolgt auf der Grundlage geeigneter Garantien durch eine politisch, weltanschaulich, religiös oder gewerkschaftlich ausgerichtete Stiftung, Vereinigung oder sonstige Organisation ohne Gewinnerzielungsabsicht im Rahmen ihrer rechtmäßigen Tätigkeiten und unter der Voraussetzung, dass sich die Verarbeitung ausschließlich auf die Mitglieder oder ehemalige Mitglieder der Organisation oder auf Personen, die im Zusammenhang mit deren Tätigkeitszweck regelmäßige Kontakte mit ihr unterhalten, bezieht und die personenbezogenen Daten nicht ohne Einwilligung der betroffenen Personen nach außen offengelegt werden;

e) die Verarbeitung bezieht sich auf personenbezogene Daten, die die betroffene Person offensichtlich öffentlich gemacht hat;

f) die Verarbeitung ist zur Geltendmachung, Ausübung oder Verteidigung von Rechtsansprüchen oder bei Handlungen der Gerichte im Rahmen ihrer justiziellen Tätigkeit erforderlich;

g) die Verarbeitung ist auf der Grundlage des Unionsrechts oder des Rechts eines Mitgliedstaats, das in angemessenem Verhältnis zu dem verfolgten Ziel steht, den Wesensgehalt des Rechts auf Datenschutz wahrt und angemessene und spezifische Maßnahmen zur Wahrung der Grundrechte und Interessen der betroffenen Person vorsieht, aus Gründen eines erheblichen öffentlichen Interesses erforderlich;

h) die Verarbeitung ist für Zwecke der Gesundheitsvorsorge oder der Arbeitsmedizin, für die Beurteilung der Arbeitsfähigkeit des Beschäftigten, für die medizinische Diagnostik, die Versorgung oder Behandlung im Gesundheits- oder Sozialbereich oder für die Verwaltung von Systemen und Diensten im Gesundheits- oder Sozialbereich auf der Grundlage des Unionsrechts oder des Rechts eines Mitgliedstaats oder aufgrund eines Vertrags mit einem Angehörigen eines Gesundheitsberufs und vorbehaltlich der in Absatz 3 genannten Bedingungen und Garantien erforderlich;

i) die Verarbeitung ist aus Gründen des öffentlichen Interesses im Bereich der öffentlichen Gesundheit, wie dem Schutz vor schwerwiegenden grenzüberschreitenden Gesundheitsgefahren oder zur Gewährleistung hoher Qualitäts- und Sicherheitsstandards bei der Gesundheitsversorgung und bei Arzneimitteln und Medizinprodukten erforderlich, auf der Grundlage des Unionsrechts oder des Rechts eines Mitgliedstaats, das angemessene und spezifische Maßnahmen zur Wahrung der Rechte und Freiheiten der betroffenen Person, insbesondere des Berufsgeheimnisses, vorsieht, oder

j) die Verarbeitung ist auf der Grundlage des Unionsrechts oder des Rechts eines Mitgliedstaats, das in angemessenem Verhältnis zu dem verfolgten Ziel steht, den Wesensgehalt des Rechts auf Datenschutz wahrt und angemessene und spezifische Maßnahmen zur Wahrung der Grundrechte und Interessen der betroffenen Person vorsieht, für im öffentlichen Interesse liegende Archivzwecke, für wissenschaftliche oder historische Forschungszwecke oder für statistische Zwecke gemäß Artikel 89 Absatz 1 erforderlich.

4.2.7 Gesundheitsdaten

Wie oben dargestellt, unterliegen Gesundheitsdaten besonders strengen datenschutzrechtlichen Anforderungen. Es ist deshalb wichtig zu verstehen, was genau mit dem Begriff der Gesundheitsdaten gemeint ist.

Im Februar 2015 veröffentlichte insoweit die Art.-29-Datenschutzgruppe ein White Paper mit dem Titel „ANNEX – health data in apps and devices".

Darin definiert die Art.-29-Datenschutzgruppe, welche Daten als Gesundheitsdaten einen höheren Grad an Datenschutz aufweisen müssen sowie welche Anforderungen sie an den Schutz dieser sensitiven Daten stellt. In ihrem White Paper fasste die Datenschutzgruppe den Begriff der Gesundheitsdaten sehr weit und dehnte damit den erhöhten Schutz und dessen Anwendbarkeit spürbar aus. Die Datenschutzgruppe sieht nicht nur medizinische Daten („medical data", die immer als Gesundheitsdaten zu qualifizieren seien) als Gesundheitsdaten, diese seien nur ein Teil der Gesundheitsdaten („health data"). Der Begriff der Gesundheitsdaten sei entsprechend breiter zu fassen.

Beispielhaft seien Gesundheitsdaten auch Informationen darüber, ob eine Person eine Brille oder Kontaktlinsen trage oder ob eine Person an gesundheitlichen Beeinträchtigungen leidet, die im Notfall eine spezielle Maßnahme erforderlich machen (z. B. Asthma). Auch die Mitgliedschaft in einer Vereinigung zur Hilfe bei bestimmten

Krankheitsgruppen („patient support groups" in Unterscheidung zu „self-help groups") sei als Gesundheitsdatum zu qualifizieren. Deshalb sei es in einigen Fällen nicht einmal notwendig, dass der Betroffene an einer bestimmten Krankheit oder Beeinträchtigung leide, damit diese Information als besonderes personenbezogenes Datum betrachtet wird. Gerade dieses Beispiel verdeutlicht anschaulich, wie weit der Anwendungsrahmen reichen kann. Auch die Berechnung der Herzfrequenz und des Blutdrucks durch Health-Apps und Fitness-Apps, z. B. durch Wearables, zählt nach Ansicht der Datenschutzgruppe ausdrücklich zur Verarbeitung von Gesundheitsdaten.

Entwickler und Anbieter von E-Health-Produkten geraten somit relativ schnell in den Anwendungsbereich für besondere Arten personenbezogener Daten (§ 3 Abs. 9 BDSG).

Auch die DSGVO befasst sich mit dem Begriff der Gesundheitsdaten. In Erwägungsgrund 35 heißt es dazu:

> Zu den personenbezogenen Gesundheitsdaten sollten alle Daten zählen, die sich auf den Gesundheitszustand einer betroffenen Person beziehen und aus denen Informationen über den früheren, gegenwärtigen und künftigen körperlichen oder geistigen Gesundheitszustand der betroffenen Person hervorgehen. Dazu gehören auch Informationen über die natürliche Person, die im Zuge der Anmeldung für sowie der Erbringung von Gesundheitsdienstleistungen im Sinne der Richtlinie 2011/24/EU des Europäischen Parlaments und des Rates für die natürliche Person erhoben werden, Nummern, Symbole oder Kennzeichen, die einer natürlichen Person zugeteilt wurden, um diese natürliche Person für gesundheitliche Zwecke eindeutig zu identifizieren, Informationen, die von der Prüfung oder Untersuchung eines Körperteils oder einer körpereigenen Substanz, auch aus genetischen Daten und biologischen Proben, abgeleitet wurden, und Informationen etwa über Krankheiten, Behinderungen, Krankheitsrisiken, Vorerkrankungen, klinische Behandlungen oder den physiologischen oder biomedizinischen Zustand der betroffenen Person unabhängig von der Herkunft der Daten, ob sie nun von einem Arzt oder sonstigem Angehörigen eines Gesundheitsberufes, einem Krankenhaus, einem Medizinprodukt oder einem In-Vitro-Diagnostikum stammen.

4.2.8 Sozialdaten

Sozialdaten sind gemäß § 67 SGB X

> …Einzelangaben über persönliche oder sachliche Verhältnisse einer bestimmten oder bestimmbaren natürlichen Person (Betroffener), die von einer in § 35 des Ersten Buches genannten Stelle im Hinblick auf ihre Aufgaben nach diesem Gesetzbuch erhoben, verarbeitet oder genutzt werden. Betriebs- und Geschäftsgeheimnisse sind alle betriebs- oder geschäftsbezogenen Daten, auch von juristischen Personen, die Geheimnischarakter haben.

Bei Sozialdaten handelt es sich also um personenbezogene Daten, die von einem Sozialleistungsträger oder einer ihm gleichgestellten Institution im Rahmen seiner bzw. ihrer gesetzlichen Aufgaben erhoben werden. Sozialdaten umfassen z. B.

- Daten des Betroffenen wie Rentenversicherungsnummer, Krankenversichertennummer, Anschrift, Kinderzahl, Verhalten, Ausbildung etc.
- Meinungen und Wertungen des Betroffenen, die er etwa in Anträgen und im Schriftverkehr mit dem Sozialleistungsträger äußert und die sich auf ihn selbst oder Dritte beziehen
- Meinungen und Wertungen Dritter über den Betroffenen, wie sie z. B. in Gutachten, Aktennotizen, Diagnosen und Prognosen festgehalten sind

Der Schutz von Sozialdaten ist in § 35 SGB I gesondert geregelt. Dort heißt es:

Jeder hat Anspruch darauf, dass die ihn betreffenden Sozialdaten (§ 67 Abs. 1 Zehntes Buch) von den Leistungsträgern nicht unbefugt erhoben, verarbeitet oder genutzt werden (Sozialgeheimnis). Die Wahrung des Sozialgeheimnisses umfasst die Verpflichtung, auch innerhalb des Leistungsträgers sicherzustellen, dass die Sozialdaten nur Befugten zugänglich sind oder nur an diese weitergegeben werden.

4.2.9 Datenverarbeitung im Auftrag

Aufgrund von Wirtschaftlichkeitserwägungen bzw. zwecks Inanspruchnahme fremder Dienstleistungen werden häufig Dritte mit der Bearbeitung von Daten betraut. Diese Einbeziehung externer Firmen wird auch Outsourcing genannt.

In datenschutzrechtlicher Hinsicht spricht man hier von einer „Auftragsdatenverarbeitung" (kurz: ADV). Eine ADV im Sinne des BDSG ist die Erhebung, Verarbeitung oder Nutzung von personenbezogenen Daten durch einen Dienstleister im Auftrag der verantwortlichen Stelle. § 11 BDSG beschreibt im Detail, welche Rechte, Pflichten und Maßnahmen im Einzelnen durch Vertrag zwischen Auftraggeber (verantwortliche Stelle) und Auftragnehmer (Dienstleister) zu vereinbaren sind.

Werden danach personenbezogene Daten im Auftrag durch andere Stellen erhoben, verarbeitet oder genutzt, ist der Auftraggeber für die Einhaltung der Vorschriften dieses Gesetzes und anderer Vorschriften über den Datenschutz verantwortlich.

Der Auftragnehmer bei einer ADV ist unter besonderer Berücksichtigung der Eignung der von ihm getroffenen technischen und organisatorischen Maßnahmen sorgfältig auszuwählen. Der Auftrag ist schriftlich zu erteilen, wobei insbesondere im Einzelnen festzulegen sind:

1. der Gegenstand und die Dauer des Auftrags,
2. der Umfang, die Art und der Zweck der vorgesehenen Erhebung, Verarbeitung oder Nutzung von Daten, die Art der Daten und der Kreis der Betroffenen,
3. die nach § 9 BDSG zu treffenden technischen und organisatorischen Maßnahmen,
4. die Berichtigung, Löschung und Sperrung von Daten,
5. die nach § 9 Absatz 4 BDSG bestehenden Pflichten des Auftragnehmers, insbesondere die von ihm vorzunehmenden Kontrollen,

6. die etwaige Berechtigung zur Begründung von Unterauftragsverhältnissen,

7. die Kontrollrechte des Auftraggebers und die entsprechenden Duldungs- und Mitwirkungspflichten des Auftragnehmers,

8. mitzuteilende Verstöße des Auftragnehmers oder der bei ihm beschäftigten Personen gegen Vorschriften zum Schutz personenbezogener Daten oder gegen die im Auftrag getroffenen Festlegungen,

9. der Umfang der Weisungsbefugnisse, die sich der Auftraggeber gegenüber dem Auftragnehmer vorbehält,

10. die Rückgabe überlassener Datenträger und die Löschung beim Auftragnehmer gespeicherter Daten nach Beendigung des Auftrags.

Der Auftraggeber einer ADV hat sich vor Beginn der Datenverarbeitung und sodann regelmäßig von der Einhaltung der vom Auftragnehmer getroffenen technischen und organisatorischen Maßnahmen zu überzeugen. Das Ergebnis ist zu dokumentieren.

Der Auftragnehmer einer ADV darf die Daten nur im Rahmen der Weisungen des Auftraggebers erheben, verarbeiten oder nutzen. Ist er der Ansicht, dass eine Weisung des Auftraggebers gegen das BDSG oder andere Vorschriften über den Datenschutz verstößt, hat er den Auftraggeber unverzüglich darauf hinzuweisen.

Werden personenbezogene Daten automatisiert verarbeitet oder genutzt, ist die innerbehördliche oder innerbetriebliche Organisation so zu gestalten, dass sie den besonderen Anforderungen des Datenschutzes gerecht wird (vgl. Anlage 1 zu § 9 BDSG). Dabei sind insbesondere Maßnahmen zu treffen, die je nach der Art der zu schützenden personenbezogenen Daten oder Datenkategorien geeignet sind,

1. Unbefugten den Zutritt zu Datenverarbeitungsanlagen, mit denen personenbezogene Daten verarbeitet oder genutzt werden, zu verwehren (Zutrittskontrolle),

2. zu verhindern, dass Datenverarbeitungssysteme von Unbefugten genutzt werden können (Zugangskontrolle),

3. zu gewährleisten, dass die zur Benutzung eines Datenverarbeitungssystems Berechtigten ausschließlich auf die ihrer Zugriffsberechtigung unterliegenden Daten zugreifen können und dass personenbezogene Daten bei der Verarbeitung, Nutzung und nach der Speicherung nicht unbefugt gelesen, kopiert, verändert oder entfernt werden können (Zugriffskontrolle),

4. zu gewährleisten, dass personenbezogene Daten bei der elektronischen Übertragung oder während ihres Transports oder ihrer Speicherung auf Datenträgern nicht unbefugt gelesen, kopiert, verändert oder entfernt werden können und dass überprüft und festgestellt werden kann, an welche Stellen eine Übermittlung personenbezogener Daten durch Einrichtungen zur Datenübertragung vorgesehen ist (Weitergabekontrolle),

5. zu gewährleisten, dass nachträglich überprüft und festgestellt werden kann, ob und von wem personenbezogene Daten in Datenverarbeitungssysteme eingegeben, verändert oder entfernt worden sind (Eingabekontrolle),

6. zu gewährleisten, dass personenbezogene Daten, die im Auftrag verarbeitet werden, nur entsprechend den Weisungen des Auftraggebers verarbeitet werden können (Auftragskontrolle),

7. zu gewährleisten, dass personenbezogene Daten gegen zufällige Zerstörung oder Verlust geschützt sind (Verfügbarkeitskontrolle),

8. zu gewährleisten, dass zu unterschiedlichen Zwecken erhobene Daten getrennt verarbeitet werden können. Eine Maßnahme nach Satz 2 Nummer 2 bis 4 ist insbesondere die Verwendung von dem Stand der Technik entsprechenden Verschlüsselungsverfahren.

Die bei einer ADV in Anspruch genommene Unterstützung kann sich auch auf Maßnahmen beziehen, bei denen Patientendaten verarbeitet werden.

Beispiele für Auftragsdatenverarbeitung
Im Rahmen des Outsourcing ist beispielsweise die Einschaltung eines Inkassounternehmens, eines Essenslieferanten, einer Archivierungs- oder Mikroverfilmungsfirma, eines selbstständigen Schreibdienstes oder einer Firma zur Datenvernichtung denkbar. Soweit Patientendaten durch solche externen Firmen verarbeitet werden, muss darauf geachtet werden, dass keine unbefugte Offenbarung von Patientengeheimnissen erfolgt. Während im allgemeinen Datenschutzrecht die Auftragsdatenverarbeitung als Hilfstätigkeit nach Weisung generell zulässig ist, kann damit zugleich eine unzulässige Offenbarung eines beruflichen Geheimnisses vorliegen (§ 11 BDSG, § 203 StGB).

Der Grund für diese unterschiedliche Behandlung liegt darin, dass durch die Datenweitergabe an externe Stellen in der Regel nicht mehr der besondere Schutz der Daten besteht, den das Patientengeheimnis gewährleistet, weil es sich bei diesen Externen oft weder um Gehilfen des behandelnden Arztes handelt noch um Stellen, die selbst der Geheimnisverpflichtung des § 203 StGB unterliegen. Hinzu kommt, dass der strafprozessuale Beschlagnahmeschutz des § 97 StPO entfällt, da dieser voraussetzt, dass sich die Krankenunterlagen „im Gewahrsam einer Krankenanstalt" befinden.

Kein unbefugtes Outsourcing liegt vor, wenn die betroffenen Patientinnen und Patienten der Offenbarung in einer Einwilligungserklärung ausdrücklich zugestimmt haben. Dies setzt aber voraus, dass die Patienten hinreichend über den Umfang der Daten sowie über den Auftragnehmer informiert werden, was z. B. einen Wechsel der Auftragnehmerfirma in der Regel ausschließt. Außerdem muss ausgeschlossen werden, dass die Daten der Patienten, die die Einwilligung verweigert haben, offenbart werden. Daher kommt die Einholung von Einwilligungen in eine Auslagerung nur in wenigen Fällen in Betracht.

Ein Outsourcing ist dann möglich, wenn durch wirksame Schutzmaßnahmen sichergestellt wird, dass das Hilfsunternehmen keine Kenntnis von den personenbezogenen Patientendaten nehmen kann. Dies kann dadurch erreicht werden, dass die identifizierenden Daten oder gar der Gesamt-Patientendatensatz verschlüsselt wird, ohne dass die externe Firma eine Möglichkeit zur Entschlüsselung hat. Möglich ist auch, dass die

Zuordnung zu konkreten Patienten durch die externe Firma durch eine wirksame Pseudonymisierung der Patientenstammdaten ausgeschlossen wird. Auch durch sonstige technische und organisatorische Maßnahmen kann bei einer Aufgabenauslagerung eine unbefugte Kenntnisnahme ausgeschlossen werden.

Keine unzulässige Offenbarung besteht, wenn die Hilfstätigkeit von Personen vorgenommen wird, die in einem arbeitsrechtlichen Verhältnis zum Krankenhaus stehen, d. h. die aufgrund eines Arbeitsvertrages von dem auftraggebenden Arzt weisungsabhängig sind, sodass sie als Hilfspersonen angesehen werden können. Dabei ist nicht ausgeschlossen, dass die Tätigkeit in Heimarbeit, d. h. außerhalb der Räumlichkeiten des Krankenhauses, erfolgt, wenn die erforderliche Datensicherheit gewährleistet werden kann.

Zukünftig spricht die Datenschutz-Grundverordnung von dem Begriff des „Auftragsverarbeiters" (§ 29 DSGVO). Erfolgt danach eine Verarbeitung im Auftrag eines Verantwortlichen, so arbeitet dieser nur mit Auftragsverarbeitern, die hinreichend Garantien dafür bieten, dass geeignete technische und organisatorische Maßnahmen so durchgeführt werden, dass die Verarbeitung im Einklang mit den Anforderungen dieser Verordnung erfolgt und den Schutz der Rechte der betroffenen Person gewährleistet.

Der Auftragsverarbeiter soll keinen weiteren Auftragsverarbeiter ohne vorherige gesonderte oder allgemeine schriftliche Genehmigung des Verantwortlichen in Anspruch nehmen. Im Fall einer allgemeinen schriftlichen Genehmigung informiert der Auftragsverarbeiter den Verantwortlichen immer über jede beabsichtigte Änderung in Bezug auf die Hinzuziehung oder die Ersetzung anderer Auftragsverarbeiter, wodurch der Verantwortliche die Möglichkeit erhält, gegen derartige Änderungen Einspruch zu erheben.

Die Verarbeitung durch einen Auftragsverarbeiter erfolgt – wie schon bisher auf Grundlage von § 11 BDSG – auf der Grundlage eines Vertrags, der den Auftragsverarbeiter in Bezug auf den Verantwortlichen bindet und in dem.

- Gegenstand und
- Dauer der Verarbeitung,
- Art und Zweck der Verarbeitung,
- die Art der personenbezogenen Daten,
- die Kategorien betroffener Personen und
- die Pflichten und Rechte des Verantwortlichen festgelegt sind.

Damit die Anforderungen dieser Verordnung in Bezug auf die vom Auftragsverarbeiter im Namen des Verantwortlichen vorzunehmende Verarbeitung eingehalten werden, sollten bestimmte Vorgaben erfüllt werden. So soll gemäß Erwägungsgrund 81 ein Verantwortlicher, der einen Auftragsverarbeiter mit Verarbeitungstätigkeiten betrauen will, nur Auftragsverarbeiter heranziehen, die – insbesondere im Hinblick auf Fachwissen, Zuverlässigkeit und Ressourcen – hinreichende Garantien dafür bieten, dass technische und organisatorische Maßnahmen – auch für die Sicherheit der Verarbeitung – getroffen werden, die den Anforderungen dieser Verordnung genügen.

Die Einhaltung genehmigter Verhaltensregeln oder eines genehmigten Zertifizierungsverfahrens durch einen Auftragsverarbeiter kann dabei als Faktor herangezogen werden, um die Erfüllung der Pflichten des Verantwortlichen nachzuweisen. Die Durchführung einer Verarbeitung durch einen Auftragsverarbeiter sollte daher – wie schon bisher im Anwendungsbereich des § 11 BDSG – auf Grundlage eines Vertrags erfolgen, der den Auftragsverarbeiter an den Verantwortlichen bindet und in dem Gegenstand und Dauer der Verarbeitung, Art und Zweck der Verarbeitung, die Art der personenbezogenen Daten und die Kategorien von betroffenen Personen – wie oben dargelegt – festgelegt sind, wobei die besonderen Aufgaben und Pflichten des Auftragsverarbeiters bei der geplanten Verarbeitung und das Risiko für die Rechte und Freiheiten der betroffenen Person zu berücksichtigen sind.

Der Verantwortliche und der Auftragsverarbeiter können entscheiden, ob sie einen individuellen Vertrag oder Standardvertragsklauseln verwenden, die entweder unmittelbar von der Kommission erlassen oder aber nach dem Kohärenzverfahren von einer Aufsichtsbehörde angenommen und dann von der Kommission erlassen wurden. Nach Beendigung der Verarbeitung im Namen des Verantwortlichen sollte der Auftragsverarbeiter die personenbezogenen Daten nach Wahl des Verantwortlichen entweder zurückgeben oder löschen, sofern nicht nach dem Recht der Union oder der Mitgliedstaaten, dem der Auftragsverarbeiter unterliegt, eine Verpflichtung zur Speicherung der personenbezogenen Daten besteht.

4.2.10 Verantwortliche Stelle

Eine verantwortliche Stelle ist jede Person oder Stelle, die personenbezogene Daten für sich selbst erhebt, verarbeitet oder nutzt oder dies durch andere im Auftrag vornehmen lässt. Etwas verwirrend ist dabei, dass die Verantwortung für die Beachtung des Patientendatenschutzes im ärztlichen Standesrecht und Strafrecht einerseits und im Datenschutzrecht andererseits unterschiedlich geregelt sind.

§ 4 Nr. 7 DSGVO bestimmt, dass ein „Verantwortlicher" die natürliche oder juristische Person, Behörde, Einrichtung oder andere Stelle ist, die allein oder gemeinsam mit anderen über die Zwecke und Mittel der Verarbeitung von personenbezogenen Daten entscheidet. Sind die Zwecke und Mittel dieser Verarbeitung durch das Unionsrecht oder das Recht der Mitgliedstaaten vorgegeben, so können der Verantwortliche bzw. können die bestimmten Kriterien seiner Benennung nach dem Unionsrecht oder dem Recht der Mitgliedstaaten vorgesehen werden.

Verantwortlichkeit nach dem Standes- und dem Strafrecht
Nach dem Standesrecht bzw. dem Strafrecht ist der ärztliche Leiter höchstpersönlich für die Wahrung des Patientengeheimnisses verantwortlich. Während dies im ambulanten Behandlungsbereich – relativ einfach geregelt – der behandelnde Arzt ist, ist dies im Krankenhaus letztendlich der Ärztliche Direktor des Krankenhauses. Dieser delegiert

seine Aufgaben an die ärztlichen Leiter der jeweiligen Abteilungen des Krankenhauses oder an die ärztlichen Leiter der Stationen.

Sämtliche weiteren Personen, die an der Untersuchung und Behandlung beteiligt sind, werden als sogenannte berufsmäßig tätige Gehilfen des jeweiligen ärztlichen Leiters tätig. Diese Hilfspersonen unterliegen im Hinblick auf das Patientengeheimnis der Weisung des ärztlichen Leiters. Dabei spielt es keine Rolle, welche Aufgabe sie wahrnehmen. Gehilfen sind z. B. die Mitarbeiter

- des Pflegedienstes,
- der Apotheke,
- der Krankenhausverwaltung,
- des Krankenhausarchivs,
- der EDV-Abteilung.

Voraussetzung für die Gehilfentätigkeit ist, dass die Gehilfen im Rahmen der Krankenhausorganisation gegenüber der ärztlichen Leitung weisungsgebunden sind.

Die Gehilfen sind in ihrem jeweiligen Bereich selbst höchstpersönlich auch strafrechtlich für die Wahrung der Schweigepflicht verantwortlich (§ 203 Abs. 3 S. 2 StGB).

Verantwortlichkeit nach dem Datenschutzrecht
Adressat des Datenschutzrechtes ist nicht der Arzt bzw. der Angehörige des Heilberufs persönlich, sondern die Daten verarbeitende Stelle bzw. gemäß der Terminologie des BDSG die verantwortliche Stelle (§ 3 Abs. 7 BDSG). Verantwortliche Stelle ist der jeweilige juristische Träger des Krankenhauses. Dies kann im privaten Bereich eine Einzelperson sein. In der Regel ist es aber eine Gesellschaft (GmbH, AG, KG, Genossenschaft). Im öffentlichen Bereich kann die Trägerschaft bei einem Kreis, einer Kommune, einer Universität, einer Anstalt des öffentlichen Rechts, einer Verwaltungsgemeinschaft oder beim Land liegen.

4.2.11 Besonderheiten von mHealth und IoT

Sofern sich E-Health im Online- oder Mobilebereich abspielt, kommen die klassischen Technologien des Internet- und Mobile-Zeitalters zum Einsatz. Datenschutzrechtlich sind diese Technologien nicht unumstritten. Bei internetbasierten Geschäftsmodellen kommt es zwangsläufig immer wieder zur Übertragung der **IP-Adresse** der einzelnen Endgeräte. Die IP-Adresse ist, vereinfacht ausgedrückt, die Adresse, die ein Gerät nutzt, wenn es sich im Internet bewegt. Sie macht diese Geräte (PCs, Laptops, Smartphones, etc.) adressierbar und damit erreichbar.

Es wurde viele Jahre darum gestritten, ob IP-Adressen personenbezogene Daten sind oder nicht. Die einen vertraten die Auffassung, es handle sich um anonyme Daten, weil man – wenn man nicht gerade ein Zugangsprovider wie die Telekom ist – nicht ohne

Weiteres ermitteln konnte, wer sich hinter einer IP-Adresse verbirgt. Die Aufsichtsbehörden vertraten schon immer die Ansicht, dass es hierauf letztlich nicht ankomme. Es sei ausreichend, dass irgendwer auf der Welt, also z. B. die Telekom, hierzu in der Lage wäre. Diese Ansicht hat sich nunmehr durchgesetzt. Der Europäische Gerichtshof hat inzwischen entschieden, dass IP-Adressen als personenbezogene Daten zu qualifizieren sind.

Denn der EuGH befasste sich in der Entscheidung 582/14 in seinem Urteil vom 19. Oktober 2016 mit der Frage der Personenbeziehbarkeit von IP-Adressen. Der EuGH hat wie folgt entschieden:

> Eine dynamische IP-Adresse, die von einem Anbieter von Online-Mediendiensten beim Zugriff einer Person auf eine Website gespeichert wird, ist für den Anbieter ein personenbezogenes Datum im Sinne der genannten Bestimmung, wenn er über „rechtliche" Mittel verfügt, die es ihm erlauben, die betreffende Person anhand der Zusatzinformationen, über die der Internetzugangsanbieter dieser Person verfügt, bestimmen zu lassen.

Cookies sind dagegen kleine Textdateien, die auf einem Computer abgespeichert werden. Sie enthalten typischerweise Daten über besuchte Webseiten, die der Webbrowser beim Surfen im Internet speichert. Cookies sind in der Regel keine personenbezogenen Daten, da sich in ihnen normalerweise keine personenbezogenen Informationen befinden. Typischerweise enthält ein Cookie nur eine sogenannte „Cookie-ID" und vielleicht ein paar weitere kryptische Angaben über den Inhalt der besuchten Webseiten etc. In der Regel ist darüber aber kein Personenbezug möglich. Dieser wird erst möglich, wenn man die jeweilige Cookie-ID mit weiteren Daten, die man über den jeweiligen User möglicherweise hat, zusammenführt.

Es gibt aber die sogenannte „Cookie-Richtlinie der EU", die besagt, dass jedes Unternehmen, das Cookies für seine Geschäfte im Internet einsetzt, die vorherige Zustimmung des Users hierfür benötigt. Das ist der Grund dafür, weshalb immer häufiger beim Besuch von Webseiten ein Hinweis auftaucht, der sinngemäß besagt: „Wir setzen auf unserer Seite Cookies ein. Wenn Sie auf unserer Seite weiter surfen, gehen wir davon aus, dass Sie hiermit einverstanden sind …"

Hintergrund dieses Hinweises ist die eben erwähnte Cookie-Richtlinie der EU. Ersetzt wird die Cookie-Richtlinie zukünftig durch die sogenannte ePrivacy-Verordnung, deren Entwurf durch die Kommission im Januar 2017 vorgelgt wurde.

Wie oben schon einmal angesprochen, gestattet der deutsche Gesetzgeber in § 15 Abs. 3 TMG die Erstellung von **Nutzerprofilen** zu Werbezwecken und zum Zweck der Marktforschung. Voraussetzung ist nur, dass es sich um pseudonyme Nutzerprofile handelt und dass in einer Datenschutzerklärung auf den Einsatz dieser Nutzerprofile transparent hingewiesen wird. Gleichzeitig muss einem Nutzer die Möglichkeit gegeben werden, hiergegen Widerspruch (Opt-Out) einzulegen. Ist dies der Fall, ist der Einsatz von Nutzerprofilen nicht nur zum Zweck der Werbung und Marktforschung, sondern auch zum Zwecke der Webanalyse und der Analyse des Nutzerverhaltens auf einer Webseite oder innerhalb einer eHealth-Anwendung möglich. Es war bei Redaktionsschluss noch nicht abzusehen, ob diese Vorschrift im Geltungsbereich der DSGVO und der ePrivacy-Verordnung weiterhin anwendbar sein wird.

In der Online- und Mobilebranche werden eine Vielzahl von sogenannten „Online-Identifiern" eingesetzt. Darunter verstehen wir z. B. den „Identifier for Advertiser" (IDFA), den jedes Smartphone von Apple vergibt. Bei Google heißt dieser Online-Identifier „Google Advertiser ID" (GAID). Viele Geschäftsmodelle basieren darauf, dass diese Online-Identifier mit weiteren Erkenntnissen über den jeweiligen User in Form von Nutzerprofilen verknüpft werden. Bei diesen Online-Identifiern handelt es sich, basierend auf der heutigen Rechtslage, in der Regel um anonyme Daten, da man normalerweise nicht ermitteln kann, wer sich dahinter wirklich verbirgt (das gilt natürlich nicht für Apple bzw. Google, für die solche Online-Identifier durch die internen Informationen personenbezogene Daten sind). Das wird sich allerdings mit dem Inkrafttreten der Datenschutz-Grundverordnung im Jahre 2018 ändern. Denn § 4 DSGVO regelt nunmehr: „Personenbezogene Daten sind alle Informationen, die sich auf eine identifizierte oder identifizierbare natürliche Person (im Folgenden „betroffene Person") beziehen; als identifizierbar wird eine natürliche Person angesehen, die direkt oder indirekt, insbesondere mittels Zuordnung zu einer Kennung wie einem Namen, zu einer Kennnummer, zu Standortdaten, zu einer Online-Kennung oder zu einem oder mehreren besonderen Merkmalen identifiziert werden kann, die Ausdruck der physischen, physiologischen, genetischen, psychischen, wirtschaftlichen, kulturellen oder sozialen Identität dieser natürlichen Person sind."

Diese neue und deutlich breitere Definition macht deutlich, dass insbesondere **Online- und Mobile- Identifier** zukünftig als personenbezogene Daten zu qualifizieren sind, jedenfalls nach Ansicht der Verfasser der DSGVO. Die Situation ist rechtlich jedoch keineswegs eindeutig, wie oben bereits dargelegt. Denn der Europäische Gerichtshof hat in seiner Entscheidung zu den IP-Adressen deutlich gemacht (Urteil vom 19. Oktober 2016, Az. 582/14), dass es nach wie vor anonyme Daten geben kann. Diese liegen nach Ansicht des Europäischen Gerichtshofes dann vor, wenn es für den jeweiligen Datenverarbeiter keine rechtlichen Mittel gibt, die es ihm ermöglichen, die hinter einem Datum stehende Person zu identifizieren. Es bleibt deshalb abzuwarten, ob dieser Grundsatz des EuGH trotz der Neuformulierung des Begriffs des „personenbezogenen Datums" in § 4 Nr. 1 DSGVO in der DSGVO zukünftig anwendbar bleibt. Denn diese Definition hätte weitreichende Auswirkungen für die Bewertung von klassischen Tracking-IDs, z. B. von mobilen Applikationen.

Standortdaten über einen Nutzer ermöglichen es in der Regel nicht, herauszufinden, welche Person sich wirklich hinter diesem Datum befindet. Deshalb sind Standortdaten in der Regel anonyme Daten. Die Situation würde sich erst dann ändern, wenn man so viele Daten über den jeweiligen Nutzer sammeln würde, das man hierdurch in der Lage wäre, eine einzelne Person wirklich zu re-identifizieren. Deshalb basieren viele Technologien darauf, diesen Personenbezug nach Möglichkeit zu vermeiden, sofern man nicht über eine entsprechende Einwilligung der Nutzer verfügt. Dies erreicht man, in dem man Filter einsetzt, die eine Vergröberung der Ergebnisse ermöglichen und damit eine Anonymisierung der erfassten Gruppe.

4.3   Grundsätze der Datenverarbeitung

Das BDSG und auch die zukünftige DSGVO besagen, dass die Erhebung, Verarbeitung
und Nutzung personenbezogener Daten nur zulässig ist, wenn die betroffene Person eingewilligt hat oder eine gesetzliche Erlaubnis vorliegt.

Eine solche **Einwilligung** ist nur dann wirksam, wenn sie auf der freien Entscheidung des Betroffenen beruht. Sie darf also nicht damit verknüpft werden, dass man dem
Betroffenen nur dann etwas gewährt (z. B. die Nutzung eines Fitnesstrackers), wenn er
als Gegenleistung seine Einwilligung erteilt. Es darf kein Zwang ausgeübt werden. Die
Einwilligung ist übrigens ein Sonderfall der Zustimmung. Erteilt man eine Zustimmung
im Voraus, heißt sie „Einwilligung", erfolgt sie dagegen im Nachhinein, spricht man von
einer „Genehmigung".

Im Rahmen der Einwilligung ist der Betroffene auf den vorgesehen Zweck der Erhebung, Verarbeitung oder Nutzung seiner Daten umfassend hinzuweisen. Der Betroffene
muss also verstehen, worum es für ihn ganz konkret geht.

Die **Einwilligung** bedarf der Schriftform, es sei denn, es geht um eine Onlineanwendung. Dann kann diese auch online eingeholt werden, etwa durch einen „Bestäti-
gungsklick" auf einer Internetseite. In diesem Zusammenhang muss einem Nutzer die
Möglichkeit gegeben werden, sich über den Abruf einer Datenschutzerklärung darüber
zu informieren, in welchem Umfang seine Daten genutzt werden. Diese Regeln haben in
der Online- und Mobile-Industrie – und damit auch für E-Health-Anwendungen – eine
große Bedeutung: Denn je klarer und umfassender eine Einwilligung formuliert wird,
desto weiter reichen auch die Möglichkeiten, mit diesen Daten zu arbeiten. Bei der For-
mulierung solcher Einwilligungserklärungen ist deshalb immer darauf zu achten, diese
umfassend, transparent und insbesondere verständlich zu formulieren.

Beim E-Mail-Marketing ist ein Double-Opt-In erforderlich. Darunter versteht man
eine besondere Form der Einwilligung. Ein Nutzer, der sich mit der E-Mail-Adresse in
einen Verteiler einträgt, erklärt zunächst hierdurch seine Einwilligung (Single-Opt-In).
Anschließend erhält er eine Bestätigungs-E-Mail, in der er die Möglichkeit hat, die
Anmeldung noch einmal zu bestätigen. Tut er dies, ist das Double-Opt-In-Verfahren
abgeschlossen. Dieses besondere Verfahren soll einen Schutz vor Spam gewährleisten
und Versendern von E-Mails Rechtssicherheit geben. Deshalb verlangt die Rechtsprechung auch für die Wirksamkeit einer Einwilligungserklärung immer ein solches Double-Opt-In. Ein Single-Opt-In wäre also nicht ausreichend.

Liegt die Einwilligung des Betroffenen nicht vor, so kann die Verarbeitung von Daten
nur erfolgen, wenn eine **gesetzliche Erlaubnis** für die Verarbeitung von Gesundheitsdaten vorliegt.

Art. 6 DSGVO definiert die Voraussetzungen, unter denen eine Verarbeitung von personenbezogenen Daten möglich ist. Danach ist die Verarbeitung nur rechtmäßig, wenn
mindestens eine der nachstehenden Bedingungen erfüllt ist:

- Die betroffene Person hat ihre Einwilligung zu der Verarbeitung der sie betreffenden personenbezogenen Daten für einen oder mehrere bestimmte Zwecke gegeben;
- die Verarbeitung ist für die Erfüllung eines Vertrags, dessen Vertragspartei die betroffene Person ist, oder zur Durchführung vorvertraglicher Maßnahmen erforderlich, die auf Anfrage der betroffenen Person erfolgen;
- die Verarbeitung ist zur Erfüllung einer rechtlichen Verpflichtung erforderlich, der der Verantwortliche unterliegt;
- die Verarbeitung ist erforderlich, um lebenswichtige Interessen der betroffenen Person oder einer anderen natürlichen Person zu schützen;
- die Verarbeitung ist für die Wahrnehmung einer Aufgabe erforderlich, die im öffentlichen Interesse liegt oder in Ausübung öffentlicher Gewalt erfolgt, die dem Verantwortlichen übertragen wurde;
- die Verarbeitung ist zur Wahrung der berechtigten Interessen des Verantwortlichen oder eines Dritten erforderlich, sofern nicht die Interessen oder Grundrechte und Grundfreiheiten der betroffenen Person, die den Schutz personenbezogener Daten erfordern, überwiegen, insbesondere dann, wenn es sich bei der betroffenen Person um ein Kind handelt.

Zusätzlich ist der Katalog des Art. 9 DSGVO zu berücksichtigen. Wie bereits oben dargestellt, legt dieser weitere Anforderungen fest.

4.4   Rechte der Nutzer von eHealth-Applikationen und sonstigen Betroffenen

§ 13 DSGVO bestimmt weitreichende **Auskunftsrechte**. Die jeweils betroffene Person hat danach jederzeit das Recht, von dem Verantwortlichen eine Bestätigung darüber zu verlangen, ob personenbezogene Daten verarbeitet werden, die sie betreffen. Ist dies der Fall, so hat sie ein Recht auf Auskunft über diese personenbezogenen Daten und auf folgende Informationen:

- die Verarbeitungszwecke;
- die Kategorien personenbezogener Daten, die verarbeitet werden;
- die Empfänger oder Kategorien von Empfängern, gegenüber denen die personenbezogenen Daten offengelegt worden sind oder noch offengelegt werden, insbesondere bei Empfängern in Drittländern oder bei internationalen Organisationen;
- falls möglich die geplante Dauer, für die die personenbezogenen Daten gespeichert werden, oder, falls dies nicht möglich ist, die Kriterien für die Festlegung dieser Dauer;
- das Bestehen eines Rechts auf Berichtigung oder Löschung der sie betreffenden personenbezogenen Daten oder auf Einschränkung der Verarbeitung durch den Verantwortlichen oder eines Widerspruchsrechts gegen diese Verarbeitung;

- das Bestehen eines Beschwerderechts bei einer Aufsichtsbehörde;
- wenn die personenbezogenen Daten nicht bei der betroffenen Person erhoben werden, alle verfügbaren Informationen über die Herkunft der Daten;
- das Bestehen einer automatisierten Entscheidungsfindung einschließlich Profiling gemäß Artikel 22 Absätze 1 und 4 und – zumindest in diesen Fällen – aussagekräftige Informationen über die involvierte Logik sowie die Tragweite und die angestrebten Auswirkungen einer derartigen Verarbeitung für die betroffene Person.

Werden personenbezogene Daten an ein Drittland oder an eine internationale Organisation übermittelt, so hat die betroffene Person auch das Recht, über die geeigneten Garantien gemäß Artikel 46 DSGVO im Zusammenhang mit der Übermittlung unterrichtet zu werden. Der Verantwortliche stellt eine Kopie der personenbezogenen Daten, die Gegenstand der Verarbeitung sind, zur Verfügung. Für alle weiteren Kopien, die die betroffene Person beantragt, kann der Verantwortliche ein angemessenes Entgelt auf der Grundlage der Verwaltungskosten verlangen. Stellt die betroffene Person den Antrag elektronisch, so sind die Informationen in einem gängigen elektronischen Format zur Verfügung zu stellen, sofern sie nichts anderes angibt.

Die Auskunft muss immer an die richtige Person, also an den Betroffenen selbst, erteilt werden. Die zur Auskunft verpflichtete Stelle muss sich daher vor der Erteilung der Auskunft über die Identität des Auskunftsersuchenden vergewissern. Dabei steht ihr allerdings ein Ermessen zu. Eine Kopie des Personalausweises kann nur dann verlangt werden, wenn die zur Auskunft verpflichtete Stelle begründete Zweifel an der Identität darstellt.

Die betroffene Person hat gemäß § 16 DSGVO das Recht, von dem Verantwortlichen unverzüglich die Berichtigung sie betreffender unrichtiger personenbezogener Daten zu verlangen (insoweit ähnlich zu dem alten § 35 BDSG). Unter Berücksichtigung der Zwecke der Verarbeitung hat die betroffene Person das Recht, die Vervollständigung unvollständiger personenbezogener Daten – auch mittels einer ergänzenden Erklärung – zu verlangen. Ein **Anspruch auf Berichtigung** besteht also immer dann, wenn die über eine Person gespeicherten Daten fehlerhaft, veraltet oder in sonstiger Form unrichtig sind.

Jede Person hat gemäß Art. 17 DSGVO das Recht, von dem Verantwortlichen zu verlangen, dass sie betreffende personenbezogene Daten unverzüglich gelöscht werden, und der Verantwortliche ist verpflichtet, personenbezogene Daten unverzüglich zu **löschen,** sofern einer der folgenden Gründe zutrifft:

- Die personenbezogenen Daten sind für die Zwecke, für die sie erhoben oder auf sonstige Weise verarbeitet wurden, nicht mehr notwendig.
- Die betroffene Person widerruft ihre Einwilligung und es fehlt an einer anderweitigen Rechtsgrundlage für die Verarbeitung.

- Die betroffene Person legt gemäß Artikel 21 Absatz 1 DSGVO Widerspruch gegen die Verarbeitung ein und es liegen keine vorrangigen berechtigten Gründe für die Verarbeitung vor, oder die betroffene Person legt gemäß Artikel 21 Absatz 2 DSGVO Widerspruch gegen die Verarbeitung ein.
- Die personenbezogenen Daten wurden unrechtmäßig verarbeitet.
- Die Löschung der personenbezogenen Daten ist zur Erfüllung einer rechtlichen Verpflichtung nach dem Unionsrecht oder dem Recht der Mitgliedstaaten erforderlich, dem der Verantwortliche unterliegt.
- Die personenbezogenen Daten wurden in Bezug auf angebotene Dienste der Informationsgesellschaft gemäß Artikel 8 Absatz 1 erhoben.

Diese Regeln gelten u. a. nicht, soweit die Verarbeitung erforderlich ist zur Ausübung des Rechts auf freie Meinungsäußerung und Information oder zur Erfüllung einer rechtlichen Verpflichtung, die die Verarbeitung nach dem Recht der Union oder der Mitgliedstaaten, dem der Verantwortliche unterliegt, erfordert, oder zur Wahrnehmung einer Aufgabe, die im öffentlichen Interesse liegt oder in Ausübung öffentlicher Gewalt erfolgt, die dem Verantwortlichen übertragen wurde.

Ist eine Löschung von personenbezogenen Daten aufgrund bestimmter Umstände nicht möglich, so sind die jeweils personenbezogenen Daten stattdessen zu **sperren.** Das folgt u. a. aus dem Erwägungsgrund 67 zur DSGVO und den dort geregelten Methoden zur Beschränkung der Verarbeitung personenbezogener Daten. Diese könnten unter anderem darin bestehen, dass ausgewählte personenbezogenen Daten vorübergehend auf ein anderes Verarbeitungssystem übertragen werden, dass sie für Nutzer gesperrt werden oder dass veröffentlichte Daten vorübergehend von einer Website entfernt werden. In automatisierten Dateisystemen sollte die Einschränkung der Verarbeitung grundsätzlich durch technische Mittel so erfolgen, dass die personenbezogenen Daten in keiner Weise weiterverarbeitet werden und nicht verändert werden können. Auf die Tatsache, dass die Verarbeitung der personenbezogenen Daten beschränkt wurde, sollte in dem System unmissverständlich hingewiesen werden.

Eine Sperrung ist also insbesondere dann zu berücksichtigen, wenn eine Löschung von Daten einen unverhältnismäßig hohen Aufwand bedeuten würde oder gesetzliche, satzungsmäßige oder vertragliche Aufbewahrungsfristen einer Löschung entgegenstehen, sodass eine solche schutzwürdige Interessen des Betroffenen beeinträchtigen würde.

Literatur

ULD - Unabhängiges Landeszentrum für Datenschutz Schleswig Holstein (2014): Patientendatenschutz im Krankenhaus, Abgerufen am 12.4.2017: https://www.datenschutzzentrum.de/medizin/krankenh/patdskh.htm. Zitieren als ULD 2014.

Weitere internationale Anforderungen an Datenschutz bei E-Health

Christoph Bauer

Neben den in Kap. 4 aufgeführten gesetzlichen Regelungen existieren weitere internationale Vereinbarungen und Gesetze für die E-Health-Branche. Von diesen sollen im Folgenden nur die beiden Anforderungskataloge aufgeführt werden, die für den deutschen und den europäischen Gesundheitsmarkt besonders relevant sind.

5.1 USA: Health Insurance Portability and Accountability Act

Der „Health Insurance Portability and Accountability Act" (HIPAA) ist ein US-amerikanisches Datenschutzgesetz. Es regelt neben der Sektion fünf des Federal Trade Commission (FTC) Act[1] sowie vielen weiteren Gesetzen und behördlichen Anforderungen[2] maßgeblich die Einhaltung von Datenschutz und Datensicherheit bei mHealth-Produkten. Ein einheitliches Datenschutzgesetz auf Bundesebene besteht in den USA nicht.[3]

Die HIPAA-Datenschutzregeln legen nationale Normen fest, um die persönlichen Daten von Personen und andere persönliche Gesundheitsinformationen zu schützen, und gelten für Gesundheitspläne, Gesundheitsfürsorge und Anbieter von Gesundheitsleistungen, die bestimmte Transaktionen im Gesundheitswesen elektronisch durchführen. Die Regelungen erfordern angemessene Schutzmaßnahmen zur Sicherung der Privatsphäre von persönlichen Gesundheitsinformationen und legen Grenzen und Bedingungen fest für die Verwendung und Offenlegung von Informationen ohne Zustimmung des Patienten. HIPAA gibt Patienten Rechte über ihre Gesundheitsinformationen, einschließlich des Rechts auf eine Kopie ihrer Gesundheitsdaten, um Korrekturen einfordern zu können.

---

[1]FTC (2016).
[2]Public Health Institute.
[3]Selzer (2015, S. 3).

© Springer Fachmedien Wiesbaden GmbH 2018
C. Bauer et al., *E-Health: Datenschutz und Datensicherheit*,
https://doi.org/10.1007/978-3-658-15091-4_5

HIPAA schafft somit einen Kontrollstandard. Des Weiteren gewährt es Auskunftsrechte über die Nutzung von über mHealth gewonnene Gesundheitsdaten.

Verantwortlich für die Einhaltung des HIPAA ist das US Department of Health and Human Services (HHS). Das Amt für Bürgerrechte (OCR) ist für die zivilrechtliche Durchsetzung von Sanktionen zuständig. Jedermann kann bei Verdacht auf einen HIPAA-Verstoß eine Beschwerde an die OCR einreichen.

5.1.1 Unterscheidung von geschützten und nicht geschützten Gesundheitsinformationen

Die erste Frage, die sich Hersteller und Anbieter von Gesundheitsapps für die USA stellen müssen, ist, ob ihre angebotene App überhaupt unter die HIPAA-Regelung fällt. Dies ist immer dann der Fall, wenn die App mit geschützten Gesundheitsinformationen (Protected Health Information [PHI]) arbeitet bzw. diese speichert. Gesundheitsdaten gelten dann als PHI, wenn folgende zwei Voraussetzungen erfüllt sind:

- Es liegt ein persönlich identifizierbarer Patient vor und
- der Gebrauch oder die Offenlegung der Daten ist während der Behandlungsdauer möglich.

Einige Beispiele für solche geschützten Daten sind unter anderem die Abrechnungsinformationen vom Arzt, die E-Mail an eine Arztpraxis über ein Medikament oder Rezept, Terminvereinbarungen, MRT-Scans, Testergebnisse vom Arzt und Telefondatensätze. Als nicht geschützte Gesundheitsinformationen gelten reine Verbraucherinformationen wie beispielsweise die Anzahl der Schritte in einem Schrittzähler, Kalorien, Blutzuckerwerte oder eine Herzfrequenzmessung ohne persönliche Identifikation durch ein Konto oder einen Benutzernamen.[4]

Wenn also ein Gerät oder eine App persönlich identifizierbare Gesundheitsdaten des Benutzers speichert, aufzeichnet und überträgt und die Daten von einer Einrichtung im Rahmen einer ärztlichen Behandlung verwendet wird, dann liegen geschützte Gesundheitsinformationen (PHI) vor. Wenn ein tragbares Gerät oder eine App jedoch nur Gesundheitsinformationen sammelt, ohne dass eine weitere Nutzung oder Weitergabe dieser Daten geplant ist, fällt sie nicht unter die HIPAA-Regelungen. Allerdings ist der Trend in der Erhebung von mobilen Gesundheitsdaten absehbar, dass die Nutzung von Gesundheitsdaten gemeinsam auch mit Anbietern der Gesundheitsversorgung zunimmt. Dann würde diese Datenerhebung in Form von geschützten Gesundheitsinformationen wieder unter HIPAA fallen.

Die Abgrenzung kann anhand des „Nike Fuel Band" und des „Apple Healthkit" verdeutlicht werden: Das „Nike Fuel Band" fällt nicht unter HIPAA, weil es keine

---

[4]HHS.

Gesundheitsinformationen überträgt. Die Daten verbleiben auf dem Gerät. Apps, die Daten über Blutzucker und Schlafmuster sammeln wie das „Apple Healthkit" und fähig sind, diese mit einem Arzt zu teilen, fallen hingegen unter die HIPAA-Regelungen.[5]

5.1.2   Der HIPAA-Kriterienkatalog

Für die Einhaltung des HIPAA ist keine offizielle Zertifizierung möglich. Die Behörden HHS der OCR überprüfen und ahnden nur die Einhaltung der Kriterien, stellen aber keine Zertifikate aus. Um die Verwirklichung von HIPAA-Regeln zu prüfen und umzusetzen, werden im Folgenden die Hauptkriterien von HIPAA vorgestellt. HIPAA umfasst vier Teilbereiche: Datenschutz, Datensicherheit, Administrative Sicherheit und Bestimmungen zum Umgang mit Verletzungen der Datensicherheit oder des Datenschutzes.[6]

Datenschutz
Die Datenschutzregeln von HIPAA verbieten die unzulässige Verwendung oder Offenlegung geschützter Gesundheitsdaten. Die Daten müssen ausreichend vor der Einsicht Dritter geschützt werden. Verstöße müssen gemeldet werden. Zur Vorbereitung einer möglichen behördlichen Kontrolle muss über alle geschützten Gesundheitsdaten Buch geführt werden.

Datensicherheit
Nach HIPAA werden geeignete administrative, physische und technische Schutzmaßnahmen gefordert, um die Vertraulichkeit, Integrität und Sicherheit von geschützten Gesundheitsinformationen (PHI) zu gewährleisten. Im Einzelnen gehören dazu:
Technische Sicherheitsmaßnahmen

- Zugriffskontrolle
- Überwachungskontrollen
- Integrität
- Authentifizierung
- Sicherheit der Übertragungen

Physische Sicherheitsmaßnahmen

- Zugangskontrollen
- Nutzung der Workstations
- Sicherheit der Workstations
- Device-and–Media-Kontrollen

---

[5]TRUEVAULT HIPAA.
[6]TRUEVAULT compliant.

Administrative Sicherheitsmaßnahmen

- Sicherheitsmanagement-Prozesse
- Zugeordnete Sicherheitsverantwortung
- Arbeitskräfte-Sicherheit
- Informationszugriffsmanagement
- Sicherheitsbewusstsein und -training
- Prozesse für Sicherheitsvorfälle
- Notfallplanung
- Bewertung
- Vertragsgestaltung mit Partnern und andere Vereinbarungen

Alle drei Bereiche umfassen Implementierungsspezifikationen. Die meisten von ihnen sind Best Practices. Die technischen Schutzmaßnahmen konzentrieren sich auf die Technologie, die PHI schützt und den Zugriff darauf steuert. Die Standards der Sicherheitsregel erfordern nicht die Verwendung bestimmter Technologien. Die Sicherheitsstandards sollen „technologieneutral" sein.

Um HIPAA-konform zu sein, muss eine angebotene Applikation technisch im Besitz einer Zugangskontrolle, eines Audit-Steuerelementes und einer sicheren Authentifizierung sein. Die Übertragung von Daten muss ebenfalls geschützt sein. Bei Nichteinhaltung dieser Vorgaben gibt es die Möglichkeit, trotzdem noch konform zu HIPAA zu sein: Hierfür muss beispielsweise die Funktion einer automatischen Abmeldung, auch mit Zeitablauf, eingeführt werden.[7]

Zur Umsetzung der technischen HIPAA-Standards[8] ist die Verwendung einer festen Arbeitsstation mit Zugangskontrolle und Geräte- und Mediensteuerung Voraussetzung. Bei Nichteinhaltung sind unter anderem folgende Vorgaben zu erfüllen: die Einrichtung und Implementierung von Prozessen, die es erlauben, im Notfall den Zugriff auf die Anlage zur Wiederherstellung verlorener Daten zu ermöglichen. Das Erstellen eines Zutrittskontrollsystems, sodass der Ort der physischen Speicherung der Daten vor unbefugtem Zutritt, Manipulation und Diebstahl geschützt ist sowie die Kontrolle von Besuchern und die sorgfältige Auswahl von Mitarbeitern und deren Zugriffsrechten. Des Weiteren müssen Sicherheitsrichtlinien und Prozesse erstellt und auch dokumentiert werden.

Administrative Sicherheitsmaßnahmen
HIPAA enthält eine Sammlung von Richtlinien und Verfahren zur Herrstellung von administrativer Sicherheit. Diese hat für eine HIPAA-konforme mHealth-App eine besondere Priorität. So ist es Pflicht eines Datenschutzbeauftragten, eine jährliche Risikobewertung durchzuführen und die Mitarbeiter mittels Schulungen auf dem neusten

---

[7]TRUEVAULT compliant.
[8]TRUEVAULT Safeguards.

Stand des Datenschutzes und der Datensicherheit zu halten. Eine besondere Schulung sieht HIPAA für Mitarbeiter vor, die im engen Kontakt mit den geschützten Gesundheitsdaten arbeiten.

Die neun Standards der administrativen Schutzmaßnahmen umfassen einen Sicherheitsmanagement-Prozess, die zugeordnete Sicherheitsverantwortung, Arbeitskräfte-Sicherheit, Management der Informationszugriffe, Sicherheitsbewusstsein und -training, Verfahren für Sicherheitsvorfälle, einen Notfallplan sowie Geschäftspartnerverträge und sonstige Vereinbarungen. Die Einhaltung aller Regeln sowie die Sicherheitskontrollen und Risikoanalysen mit möglichen Lösungen müssen dokumentiert werden.

Sollten die eben genannten Standards nicht eingehalten werden können, gibt es die Möglichkeit, diese Mängel mit weiteren Sicherheitsmaßnahmen auszugleichen. Hierfür muss eine Risikoanalyse erstellt und dokumentiert werden. Diese muss sich auf die geschützten Gesundheitsdaten und deren mögliche Verletzung beziehen. Es muss ein Risikomanagement bestehen, welches erkennbar darauf ausgerichtet ist, alle Risiken auf ein angemessenes Niveau zu reduzieren. Es muss eine Sanktionspolitik für alle Mitarbeiter gelten, sodass diese bei falschem Umgang mit den geschützten Gesundheitsdaten abgemahnt werden könne. Eine häufige und regelmäßige Kontrolle aller Systemaktivitäten und Protokolle wird vorausgesetzt. Ein HIPAA-Sicherheits- und Datenschutzbeauftragter muss in jedem Fall vorhanden sein. Der Zugang zu den geschützten Gesundheitsdaten muss überwacht, kontrolliert und nach Beendigung des Arbeitsverhältnisses unterbunden werden. Es muss ebenso sichergestellt werden, dass etwaige Partnerfirmen, die nicht mit HIPAA-Kriterien übereinstimmen, keinen Zugriff auf die Daten haben. Bei Partnerfirmen, die Zugang haben, muss deren HIPAA-Eignung vertraglich festgesetzt werden. Es muss eine Überprüfung und Dokumentation von Malware und möglicher schädlicher Software sowie die Überwachung von Log-ins und möglichen Diskrepanzen stattfinden. Des Weiteren sieht HIPAA ein Passwortmanagment vor. Auch das Vorliegen eines Sicherheits- und Notfallplans sowie das Vorhandensein von Sicherheitskopien sind Voraussetzungen bei etwaigen Abweichungen der Standardsicherheit.

All diese Auffang-Sicherheitsmaßnahmen sind immer zu dokumentieren und sollen zu einem engmaschigen Netz von Kontrollen und damit zur frühzeitigen Erkennung möglicher Datenlecks führen.

Vorgehensweise bei Verletzungen
Sobald eine Verletzung der dargestellten Standards oder deren Auffangmaßnahmen bekannt wird, müssen die betroffenen Patienten umgehend benachrichtigt werden. Handelt es sich dabei um mehr als 500 Patientendatensätze, müssen zusätzlich die HHS und die Öffentlichkeit informiert werden.[9]

---

[9]HHS HITECH.

5.1.3   Einhaltung der HIPAA-Anforderungen bei E-Health

Trotz der vielen und teils umständlichen Vorgaben von HIPAA kann eine Konformität auf einige wichtige Punkte heruntergebrochen werden: Jede Anwendung im Bereich mHealth sollte Schutzmaßnahmen vornehmen, damit die Gesundheitsdaten (PHI) geschützt werden. Es sollten nur so viele Daten erhoben und gespeichert werden, wie wirklich benötigt werden. In Zusammenarbeit mit anderen Firmen oder Dienstleistern müssen Vereinbarungen und Verträge bestehen, die entweder deren eigene Rechtmäßigkeit unter HIPAA sicherstellen oder gewährleisten, dass nichtkonforme Firmen nicht mit den geschützten Gesundheitsdaten arbeiten. Hinzu kommen die Implementierung von Trainingsprogrammen und Fortbildungen für Angestellte sowie die Begrenzung von Zugriffsrechten der Mitarbeiter auf PHI-Daten.

Wie schon dargelegt ist eine offizielle Zertifizierung für HIPAA nicht möglich. Allerdings können Firmen mit dem entsprechendem Fachwissen und den nötigen Kompetenzen bei der Einhaltung und Überprüfung des Kriterienkataloges von HIPAA behilflich sein.[10]

5.2   EU: Code of conduct on privacy for mobile health applications

Der „Code of conduct on privacy for mobile health applications"[11] (CoC) ist eine europäische Richtlinie für App-Entwickler im Bereich mHealth. Der CoC wurde von der Europäischen Kommission in Zusammenarbeit mit Vertretern der Zivilgesellschaft und der Industrie erarbeitet.[12] Er beschreibt die gewünschte richtige Erhebung, Speicherung und Nutzung von Daten durch mHealth-Apps. Ziel ist es, die ordnungsgemäße Anwendung von datenschutzrechtlichen Regeln zu fördern und damit das Vertrauen der Patienten und Verbraucher in den mHealth-Markt zu steigern – wird eine App als dem CoC-Standard genügend bewertet, wird sie in das hierfür vorgesehene öffentliche Register eingetragen. Für die App-Entwickler soll die Richtlinie eine Hilfestellung bei der Konzeption einer App sein.

5.2.1   Persönliche Daten und Gesundheitsdaten

Der erste Teil des CoC beschreibt Hintergründe, Leitidee, Aufbau und Ablauf für Anforderungen an mHealth-Anwendungen. Im zweiten Teil werden die Richtlinien anhand von Fragen und Beispielen erläutert.

---

[10]TRUEVAULT compliant.
[11]EU Code of Conduct (2016).
[12]EU Article 29 (2016).

Zu Beginn unterscheidet der Code of Conduct zwischen persönlichen Daten (personal data) und Gesundheitsdaten (data concerning health), welche alle Daten umfassen, die Rückschlüsse auf physische oder psychische Erkrankungen oder deren Ausbruchrisiko zulassen.[13] Reine Lifestyle-Daten fallen nicht unter die Richtlinien des CoC. Dass eine App Gesundheitsdaten generiert oder speichert, wird dann angenommen, wenn die App Krankheitsrisiken misst, speichert, analysiert oder allgemein die Gesundheit des Anwenders evaluiert.

Der CoC weist darauf hin, dass im Umgang mit persönlichen Daten immer das EU-Recht beachtet werden muss und diese Richtlinie nicht als abschließender Rechtsrat gesehen werden sollte.

5.2.2   Anforderungen an mHealth-Apps

Der Entwickler der App muss für den Nutzer klar erkennbar sein. Der Nutzer muss vor und nach der Installation der App die Möglichkeit zur Einsicht in die Datenschutzerklärung haben. In dieser muss darauf hingewiesen werden, welche persönlichen Daten zu welchem Zweck wie gespeichert und gegebenenfalls weiterverwendet werden. Dem Nutzer muss es möglich sein, sein Einverständnis zurückzuziehen, seine Daten einzusehen, korrigieren und löschen zu lassen. Der Nutzer muss deutlich darauf hingewiesen werden, dass die Nutzung der App freiwillig ist, aber die Zustimmung zur Nutzung und Erstellung von persönlichen Daten zwingend. Des Weiteren muss es für den Nutzer eine leicht erkennbare Möglichkeit geben, seine Anliegen schnell direkt an einen Verantwortlichen zu senden. Sollte nicht die gesamte Datenschutzerklärung einsehbar sein, muss immer ein Link zur vollständigen Erklärung eingefügt werden. Es wird auch empfohlen, wichtige Hinweise nicht in einer Menge von weiteren Erklärungen zu verstecken. Die Zustimmung des Nutzers zur Nutzung der persönlichen Daten sollte klar und deutlich erfolgen.

Der CoC sieht vor, dass jede App deutliche Kriterien zur Speicherung und Dauer der Speicherung beinhaltet. Speicherungen sollten nie länger dauern als für die Funktion der App nötig. Es wird die automatische Löschung nach einer bestimmten Zeit der Nichtnutzung empfohlen. Ebenso weist der CoC darauf hin, dass auch anonymisierte Daten immer wie persönliche Daten behandelt werden sollten, da das Risiko einer Re-Identifizierung niemals ausgeschlossen werden kann.

Auch bezüglich der Sicherheit vor Diebstahl, Fremdnutzung und Verlust enthält der CoC einige Richtlinien, welche sich auch auf die Erkenntnisse der ENISA-Studie[14] beziehen.

---

[13]ANNEX (2015).
[14]enisa (2011).

Zur Möglichkeit, Werbung in mHealth-Apps zu schalten, bezieht der CoC ebenfalls Stellung. So wird zwischen wertungsneutraler und wertender Werbung unterschieden. Innerhalb einer Blutzucker-App ist die Werbung für weitere Hilfsmittel zur Bewältigung von Diabetes im erlaubten Rahmen. Nicht erlaubt wäre Werbung, die auf die analysierten Werte innerhalb dieser App abgestimmt sind, ohne Einwilligung des Anwenders.

Die Weitergabe von Daten zur Aggregierung in Big Data sieht der CoC kritisch. Der Nutzer sollte immer über diese Art der Datenweitergabe informiert werden und die Daten sollten immer anonymisiert werden. Für wissenschaftliche, statistische oder historische Studien verweist der CoC auf das geltende EU-Recht. Die Weitergabe an dritte Firmen ist nur nach der Information der Nutzer möglich. Die Drittfirmen müssen vertraglich an den Datenschutz und die Datensicherheit der Nutzerdaten gebunden werden.

Der CoC enthält auch die Vorlage für eine Datenschutzfolgenabschätzung („Privacy Impact Assessment" [PIA]), mit der Entwickler Antworten zu häufigen Datenschutz- und Datensicherheitsfragen erarbeiten können, um so abzuschätzen, inwieweit die Entwicklung der Applikation konform mit dem CoC ausgestaltet ist.[15]

5.2.3 CoC als Hilfestellung

Der CoC bietet eine klare und deutliche Hilfestellung für die Entwicklung und Überprüfung von mHealth-Apps zur Konformität mit den gesetzlichen Vorgaben für Datenschutz und Datensicherheit. Zwischen den Kriterienkatalogen von CoC und HIPAA bestehen einige Überschneidungen. Auch wenn die Umsetzung des CoC nicht zur vollständigen rechtlichen Absicherung im EU-Recht dienen kann, bietet er eine solide Basis für den verantwortungsvollen Umgang mit Gesundheitsdaten.

Literatur

Federal Trade Commission (2016): Federal Trade Commission Act Section 5: Unfair or Deceptive Acts or Practices, Abgerufen am 23.12.2016: https://www.federalreserve.gov/boarddocs/sup-manual/cch/ftca.pdf. Zitieren als FTC 2016.

European Commission (2016): Code of Conduct on privacy for mHealth apps has been finalised, Abgerufen am 23.12.2016: https://ec.europa.eu/digital-single-market/en/news/code-conduct-privacy-mhealth-apps-has-been-finalised. Zitieren als EU Code of Conduct 2016.

European Commission (2016): Article 29 Working Party, Abgerufen am 23.12.2016: http://ec.europa.eu/newsroom/just/item-detail.cfm?item_id=50083. Zitieren als EU Article 29 2016.

European Commission (2015): ANNEX - health data in apps and devices, Abgerufen am 23.12.2016: http://ec.europa.eu/justice/data-protection/article-29/documentation/other-document/files/2015/20150205_letter_art29wp_ec_health_data_after_plenary_annex_en.pdf. Zitieren als ANNEX 2015.

---

[15]EU Code of Conduct (2016).

European Union Agency for Network and Information Security (2011): Smartphone Secure Development Guidelines, Abgerufen am 27. Februar 2017: http://www.enisa.europa.eu/activities/ Resilience-and-CIIP/critical-applications/smartphone-security-1/smartphone-secure-development-guidelines/at_download/fullReport. Zitieren als enisa 2011.

Selzer, Annika (2015): Datenschutz in Europa und den USA - Grenzüberschreitender Datenverkehr nach dem Safe Harbor Aus; Fraunhofer SIT (Hrsg.) (2015). Zitieren als Selzer 2015, S.

IT-Sicherheit

6

Michael Eckard

6.1 Datensicherheit und E-Health

Die Anzahl der weltweit mobil genutzen Geräte hat die 6,8-Milliarden-Marke überschritten. Mit immer mehr Nutzern, Geräten und Geräten pro Nutzer erscheinen auch mehr Herausforderungen und Risiken (siehe Abb. 6.1). Ein zentraler Punkt sind gerade Bereiche, die mit vertraulichsten Datensätzen arbeiten, so wie es bei medizinischen Daten der Fall ist. Es können schädliche Anwendungen von Drittanbietern auf Smartphones vorhanden sein, welche die Privatsphäre und die Sicherheit der unwissenden Nutzer gefährden.[1] Da sich die Technologie immer weiterentwickelt, ist es von entscheidender Bedeutung, ein Bewusstsein für Datenschutz und Datensicherheit für smarte Geräte inklusive dem Internet of Things zu schaffen.[2]

Um eine objektive Einschätzung der Vertrauenswürdigkeit von E-Health-Anwendungen abgeben zu können, ist eine Bewertung durch ein System vorzunehmen, welches diese auf Datenschutz und Datensicherheit überprüft. Jedoch existieren aktuell keine von Behörden oder Institutionen veröffentlichten Kriterienkataloge über eine solche Bewertung oder Zertifizierung von E-Health-Applikationen.

Einer repräsentativen Umfrage zufolge soll bereits knapp ein Drittel der Bevölkerung ab 14 Jahren sogenannte Fitness-Tracker zur Aufzeichnung von Gesundheitswerten und persönlichen Verhaltensweisen nutzen.[3] Am Körper getragene Kleinstcomputer (sogenannte Wearables) und auf mobilen Endgeräten installierte Anwendungsprogramme

---

[1] IEEE (2015).
[2] IEEE (2015).
[3] Bitkom (2016).

© Springer Fachmedien Wiesbaden GmbH 2018
C. Bauer et al., *E-Health: Datenschutz und Datensicherheit*,
https://doi.org/10.1007/978-3-658-15091-4_6

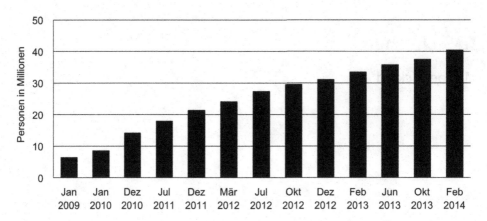

Abb. 6.1 Anzahl Smartphone-Nutzer in Deutschland. (Quelle: http://de.statista.com/statistik/ daten/studie/198959/umfrage/anzahl-der-smartphonenutzer-in-deutschland-seit-2010/ [abgerufen am 01.01.2015])

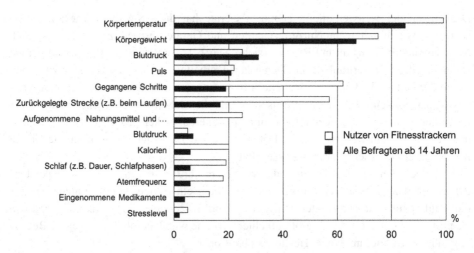

Abb. 6.2 Erfassung der Gesundheitsdaten von Nutzern. (Quelle: BITKOM: Heiko Maas Bundesminister der Justiz und für Verbraucherschutz, Dr. Bernhard Rohleder Hauptgeschäftsführer Bitkom e. V., Berlin, 9. Februar 2016, Fitness-Tracker und Datenschutz, Seite 3 zuletzt besucht: https://www.bitkom.org/Presse/Anhaenge-an-PIs/2016/Bitkom-Charts-PK-Safer-Internet-Day-E-Tracker-und-Datenschutz-09–02-2016-final.pdf)

(Gesundheits-Apps) sammeln und dokumentieren auswertungsfähige Körperdaten. Zu diesen auswertungsfähigen Körperdaten gehören unter anderem (siehe Abb. 6.2):

- Körpertemperatur
- Körpergewicht
- Blutdruck
- Puls

- Gegangene Schritte
- Zurückgelegte Strecke (z. B. beim Laufen)
- Aufgenommene Nahrungsmittel
- Blutzucker
- Kalorien
- Schlaf (z. B. Dauer, Schlafphasen)
- Atemfrequenz
- Eingenommene Medikamente
- Stresslevel

In der Regel werden diese Daten über das Internet an Hersteller, App-Anbieter und sonstige Dritte weitergeleitet, wobei der Nutzer bei Letzterem unter Umständen keine Einwilligung in die Datennutzung gegeben hat.

Die digitale Sammlung und Auswertung der eigenen gesundheitsbezogenen Daten kann durchaus interessante Informationen für Einzelne bieten, die zu einer besseren Gesundheitsversorgung und einem Zugewinn an persönlicher Lebensqualität beitragen können. Allerdings stehen diesen Chancen auch Risiken gegenüber, welche die persönlichen Daten und im schlimmsten Fall die Gesundheit der Nutzer gefährden können.

Hersteller und Anbieter von E-Health-Geräten und -Anwendungen müssen daher diverse Sachziele in Bezug auf die IT-Sicherheit verinnerlichen und sich einer Umsetzung durch Grundfunktionen und Mechanismen stellen (siehe Abb. 6.3).

Bei der Umsetzung der IT-Sicherheit empfiehlt es sich, zu den oben genannten Sachzielen die dazu notwendigen Grundfunktionen zu identifizieren und in einem weiteren Schritt Maßnahmen („Mechanismen") abzuleiten, um diese Grundfunktionen zu gewährleisten.

Die Funktionen wiederum bedienen sich ebenfalls Mechanismen (Maßnahmen, Verfahren, Methoden) wie dem Nutzen von Passworten oder der Kryptografie. Bei Softwaresystemen finden sich diese Maßnahmen sowohl auf Ebene der System Requirements

Sachziele				
Vertraulichkeit	Integrität	Verfügbarkeit	Verbindlichkeit Zurechenbarkeit	...
Grundfunktionen				
Authentifizierung	Rechteverwaltung	Rechteprüfung	Protokollierung	...
Mechanismen				
Passworte	Token	Biometrie	Policies clean desk	Kryptographie (dig. Signatur)	Personelle, organisator. Mechanismen	...

Abb. 6.3 Ziele der IT-Sicherheit. (Quelle: https://www.johner-institut.de/blog/tag/it-security/)

Specification (z. B. der Beschreibung eines Log-in Dialogs) als auch auf Software-Architektur-Ebene, z. B. in Form von Komponenten zur Verschlüsselung.

Das BSI hat einen Grundschutzkatalog veröffentlicht, der sowohl Gefährdungen für die IT-Security als auch Gegenmaßnahmen listet. Zu den Maßnahmen zählen (vgl. Abschn. 6.9):

- Infrastruktur, z. B. physikalische Absicherung des Rechenzentrums gegen Einbruch, Feuer, Stromausfall usw.
- Organisation, z. B. Regelung von Verantwortlichkeiten, Passwort-Richtlinien, Vergabe und Zurückziehung von Berechtigungen, Verpflichtung zur Datensicherung, Umgang mit Datenträgern
- Personal, z. B. Schulungen, Einweisungen
- Hardware und Software: Verschlüsselung, Aktualisierung von Software, Einsatz von Firewalls und Antivirus-Software, Berechtigungen von Personen und Diensten, Betrieb von Servern
- Kommunikation, z. B. Netzwerkanbindungen, Regeln für Fernwartung, Verwendung von Protokollen wie HTTPS, IPSEC, physikalische und logische Segmentierung, Umgang mit sozialen Netzwerken
- Notfallvorsorge

Während dieser Grundschutzkatalog viele einzelne Maßnahmen listet, beschreiben Managementstandards wie das IT-Security-Management nach ISO 27001 stärker prozessorale Aspekte.

6.2   Wearables und Gesundheits-Apps

Zahlreiche Wearables und Gesundheits-Apps geben die aufgezeichneten Daten an andere Personen oder Stellen weiter, ohne dass die betroffenen Nutzer hiervon wissen oder eine bewusste Entscheidung über die Weitergabe der persönlichen Daten getroffen haben. Darüber hinaus können Bedienungsfehler oder unzureichende technische Vorkehrungen dazu führen, dass Gesundheitsinformationen ungewollt preisgegeben werden. Einige Angebote weisen erhebliche Sicherheitsdefizite auf, sodass sich auch Unbefugte Zugriff auf die Gesundheitsdaten verschaffen können.

Für bestimmte Situationen besteht überdies das Risiko, dass Einzelne aufgrund massiver gesellschaftlicher, sozialer oder ökonomischer Zwänge nicht frei über die Nutzung derartiger Technologien entscheiden können. Zum notwendigen Schutz von Gesundheitsdaten bei Wearables und Gesundheits-Apps ist auf folgende Gesichtspunkte hinzuweisen:[4]

---

[4]BayLfD (2016).

- Die Grundsätze der Datenvermeidung und Datensparsamkeit sind zu beachten. Insbesondere Hersteller von Wearables und Gesundheits-Apps sind aufgerufen, datenschutzfreundliche Technologien und Voreinstellungen einzusetzen (Privacy by Design and Default). Hierzu gehören Möglichkeiten zur anonymen bzw. pseudonymen Datenverarbeitung. Soweit eine Weitergabe von Gesundheits- und Verhaltensdaten an Dritte nicht wegen einer medizinischen Behandlung geboten ist, sollten Betroffene sie technisch unterbinden können (lediglich lokale Speicherung).

- Die Datenverarbeitungsprozesse, insbesondere die Weitergabe von Gesundheits- und Verhaltensdaten an Dritte, bedürfen einer gesetzlichen Grundlage oder einer wirksamen und informierten Einwilligung. Sie sind transparent zu gestalten. Für das Persönlichkeitsrecht riskante Datenverwendungen, insbesondere Datenflüsse an Dritte, sollten für die Nutzerinnen und Nutzer auf einen Blick erkennbar sein. Beispielsweise könnte die Anzeige des Vernetzungsstatus die aktuellen Weitergabe-Einstellungen veranschaulichen. Eine solche Verpflichtung zur erhöhten Transparenz sollte gesetzlich verankert werden.

- Einwilligungserklärungen und Verträge, die unter Ausnutzung eines erheblichen Verhandlungsungleichgewichts zwischen Verwendern und den betroffenen Personen zustande kommen, sind unwirksam und liefern keine Rechtsgrundlage für Verarbeitungen. Das gilt namentlich für besonders risikoträchtige Verwendungszusammenhänge, etwa in Beschäftigungs- und Versicherungsverhältnissen.

- Verbindliche gesetzliche Vorschriften zur Datensicherheit, insbesondere zur Integrität und Vertraulichkeit von Daten, können nicht durch Verträge oder durch Einwilligungserklärungen abbedungen werden.

- Wer aus eigenen Geschäftsinteressen gezielt bestimmte Wearables und Gesundheits-Apps in den Umlauf bringt oder ihren Vertrieb systematisch unterstützt, trägt eine Mitverantwortlichkeit für die rechtmäßige Ausgestaltung solcher Angebote. In diesem Sinne Mitverantwortliche haben sich zu vergewissern, dass die Produkte verbindlichen Qualitätsstandards an IT-Sicherheit, Funktionsfähigkeit sowie an Transparenz der Datenverarbeitung genügen.

6.3   Schutz vor Man-in-the-Middle-Angriffen: Sichere Datenwege

Neben der Weitergabe von Informationen durch die App selbst besteht auch das Risiko eines potenziellen externen Angreifers, welcher durch die Umgehung von Sicherheitsmechanismen Zugang zu Informationen erlangen kann.

Die Kommunikaton einer Anwendung an sich stellt eine weitere Herausforderung dar. Ein „Wie gelangt die Information von A nach B?" muss einem „Wie gelangt die Information sicher von A nach B und wie sorge ich dafür, dass im Falle der Umleitung der Nachricht diese nur vom Empfänger gelesen werden kann?" weichen.

Da die Datenübertragung in Rechnernetzen mit eindeutigen IP-Adressen, Hostnamen und Ports durchgeführt wird, liegt hier auch der größte Schwachpunkt des Systems. Um den Datenverkehr zwischen zwei Kommunikationspartnern mitlesen und dadurch beispielsweise einen unauthorisierten Zugriff zu Zugangsdaten erlangen zu können, kann sich ein Angriffer in dasselbe Rechnernetz schalten (physikalisch oder logisch) und sich als der jeweils andere Kommunikationspartner ausgeben. Diese Art der Spionage nennt sich Man-in-the-Middle-Angriff. Der Angreifer hat dabei mit seinem System die vollständige Kontrolle über den Datenverkehr zwischen zwei oder mehreren Netzwerkteilnehmern und kann die Informationen nach Belieben einsehen, umleiten und manipulieren.

Da der Angreifer den kompletten Datenverkehr der Kommunikationspartner mitlesen kann, können so sensibelste Informationen abgefangen werden. Laut einer Studie[5] von ePrivacy, in welcher ca. 730 Apps unterschiedlichster Kategorien untersucht wurden und unter anderem Man-in-the-Middle-Angriffe gegen Apps durchgeführt wurden, konnten unter anderem folgende Informationen abgefangen werden:

- Log-in-Daten (Benutzername und Passwort)
- Vor- und Zunamen
- Adressen
- Informationen und Daten unbeteiligter Dritter
- Bankdaten
- Sonstige Informationen (Alter, Kundennummern, Telefonnummern, und viele mehr)
- Gesundheitsdaten (Krankheiten, Medikation, Dosierung, und viele mehr)

Der abstrahierte Versuchsaufbau des Man-in-the-Middle-Angriffs kann Abb. 6.4 entnommen werden. Diese Daten konnten abgefangen werden, da die Anbieter der Apps keinen Schutz gegen unbefugte Zugriffe implementiert hatten und die übertragenen sensiblen Daten nicht verschlüsselten. Die Tabelle zeigt auf, dass das Bewusstsein für einen Schutz gegen Man-in-the-Middle-Angriffe im Bereich E-Health Anfang 2015 noch nicht vorhanden war (siehe Abb. 6.5). 100 % der getesteten E-Health-Apps wiesen keinen Schutz vor einem Man-in-the-Middle-Angriff auf. Persönliche Daten hätten von einem potenziellen Angreifer ohne besonderen technischen Aufwand im Klartext ausgelesen werden können.

Die Kommunikation in einem Rechnernetz, unabhängig davon, ob es sich um ein LAN oder WLAN handelt, funktioniert nach dem Prinzip von Nachrichten, die von einem Sender über einen bestimmten Weg an einen Empfänger übertragen werden. Man spricht im TCP/UDP Kontext von Client und Server.

Damit der Sender eine Nachricht an den Empfänger übermitteln kann, benötigt dieser seine eindeutig definierte Absenderadresse, die eindeutig definierte Zieladresse und

---

[5]ePrivacy (2015).

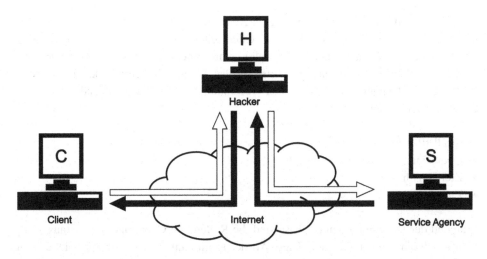

Abb. 6.4 Angriff Man-in-the-Middle

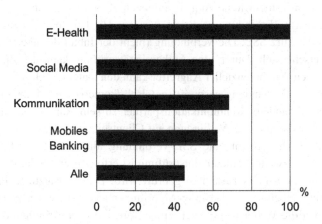

Abb. 6.5 Apps mit abgefangenen persönlichen Daten. (Quelle: Studie: Datensicherheit und Datenschutz von Apps, ePrivacy 2015, https://www.eprivacy.eu/datensicherheit-und-datenschutz-von-apps/)

den Weg, über welchen die Übertragung der Nachricht stattfinden soll. Die Absender und Zieladressen sind in Rechnernetzen als IP-Adressen definiert und der Übertragungsweg als Port. Der Port ist ein Teil der Netzwerkadresse, der die Zuordnung von TCP- und UDP-Verbindungen und Datenpaketen zu Server- und Client-Programmen durch Betriebssysteme bewirkt. Zu jeder Verbindung dieser beiden Protokolle gehören zwei Ports, je einer auf Seite des Clients und des Servers. Ein Port ist sozusagen ein Tunnel und die Information ein Zug, welcher diesen passieren will, um von A nach B zu gelangen. Die jeweiligen Tunnelöffnungen sind in dieser Metapher der Sender und der Empfänger.

Ein Server, der seinen Dienst anbietet, erzeugt einen Endpunkt (Socket) mit der Portnummer und seiner IP-Adresse. Will ein Client eine Verbindung aufbauen, erzeugt er einen eigenen Socket aus seiner Rechneradresse und einer eigenen, noch freien Portnummer. Mithilfe eines ihm bekannten Ports und der Adresse des Servers kann dann eine Verbindung aufgebaut werden. Eine TCP-Verbindung ist also durch folgende vier Werte eindeutig identifiziert:

- Quell-IP-Adresse
- Quell-Port
- Ziel-IP-Adresse
- Ziel-Port

Während der Datenübertragungsphase sind die Rollen von Client und Server (aus TCP-Sicht) vollkommen symmetrisch. Diese Art der Kommunikation ist der essenzielle Kern von Datenübertragungen in der Informationstechnologie und zugleich einer ihrer größten Schwachpunke.

Um einem Man-in-the-Middle-Angriff entgegen zu wirken, sollte der Datenverkehr über eine gesicherte Verbindung realisiert werden. Hierbei spricht man vom Secure Socket Layer oder kurz SSL. Die Verbindung (nicht der Inhalt der übertragenen Daten) wird hierbei verschlüsselt. Durch eine Authentizitätsprüfung kann der Zielserver exakt identifiziert werden. Ein potenzieller Angreifer kann den Datenverkehr also nur mitlesen, wenn die gesicherte Verbindung gespooft (gefälscht/kopiert) wird. Indem der Angreifer vorgibt, der jeweils andere Kommunikationspartner zu sein, kann dieser den Datenverkehr nach einer Bestätigung der Verbindung auf Clientseite mitlesen.

Im E-Health-Bereich reicht eine SSL-Verbindung allein als Sicherheitsmaßnahme also nicht aus. Eine zweite Authentizitätsprüfung ist erforderlich, in der die Echtheit des SSL-Zertifikates des Servers zusätzlich geprüft wird. Diese zusätzliche Prüfung nennt sich SSL-Pinning. Hochwertige Hashing-Algorithmen sind dringender zu empfehlen als solche, bei denen die Wahrscheinlichkeit einer Kollision oder Urbildauflösung bekannt ist. Bei endlichen Werten, wie es z. B. bei IP-Adressen der Fall ist, reicht ein alleiniges Hashing nicht aus, da Rückauflösungstabellen, sogenannte „Rainbow Tables", erzeugt werden können. Je nach Rechenleistung kann dies in kürzester Zeit erfolgen und ein potenzieller Angreifer hat zu jeder IP-Adresse den passenden Hash-Value. Der aufgeführte Quellcode kann eins zu eins in einen entsprechenden Java Compiler eingetragen werden und ist unter Berücksichtigung der entsprechenden Bibliotheken sofort lauffähig.

Aus diesem Grund ist die zusätzliche Einbindung von Füllzeichen (Fachbegriff: Salt) bei endlichen Datensätzen zu empfehlen. Neben IP-Adressen gelten folgende Datensätze unter anderem ebenfalls als endlich:

- Telefonnummern
- Adressen

- Postleitzahlen
- Kundennummern
- ggf. Vor- und Nachnamen
- Usernamen mit Begrenzung der maximalen Eingabelänge
- E-Mail-Adressen mit Begrenzung der maximalen Eingabelänge
- Passwörter mit Begrenzung der maximalen Eingabelänge

Sofern der Datenverkehr zwischen der App und einem Zielserver abgefangen werden konnte und sich verhashte Werte ohne Salt in diesem auffinden lassen, kann eine theoretische Rückauflösung erfolgen.

Die Sendeanfrage der App an den Server nennt sich Request. Dieser beinhaltet einen sogenannten Header, in dem meist Informationen über das genutzte Smartphone, dessen Betriebssystem, Zeitstempel usw. aufzufinden sind.

Zudem enthält der Request auch einen Body, in welchem die eigentlichen Informationen der App an den Server übermittelt werden. Hierzu zählen Benutzername, Passwort, gemessene Werte usw. Inhalte von Headern können auch im Body und umgekehrt übertragen werden.

Sämtliche Werte des Requests können in eine Software eingegeben oder eingelesen werden, um die Zugangsdaten oder andere Informationen des entsprechenden Nutzers herauszufinden. Mittels rekursiver Permutation konnten die Ausgangswerte der Hashfunktionen definiert werden. Hierzu wurden folgende Formeln angewandt:

Anzahl möglicher Kombinationen (A) aus Header:

$$x = \text{Anzahl der Variablen im Request Header}$$

$$A = \sum_{i=1}^{x} \frac{x!}{(x-i)!} +$$

Anzahl möglicher Kombinationen (B) aus Body:

$$y = \text{Anzahl der Variablen im Request Body}$$

$$B = \sum_{i=1}^{y} \frac{y!}{(y-i)!} + 1$$

Anzahl möglicher Kombinationen (C) aus Header und Body:

$$C = A * B = \left(\sum_{i=1}^{x} \frac{x!}{(x-i)!} + 1 \right) * \left(\sum_{i=1}^{y} \frac{y!}{(y-i)!} + 1 \right)$$

Abstraktes Beispiel:

Um den Vorgang vereinfacht darzustellen, sind drei Werte gegeben und der Hashwert bekannt, da dieser durch den Man-In-The-Middle Angriff-abgefangen wurde. Der Hashwert (SHA-256) lautet:

c35d86626a71820353afe295cebded8322aa89564f787da60719373b4dfb2f1f.

Die Ausgangswerte, die zur Berechnung herangezogen werden, lauten:

Benutzername: m.eckard@eprivacy.eu
Passwort: TestPassword1337
Blutzuckerwert: 420

Der Ausgangswert des Hashes konnte aus dem genannten Beispiel generiert werden, indem alle möglichen Kombinationen der Variablen durchprobiert wurden, und lautet „m.eckard@eprivacy.euTestPassword133742.0". Ist der Ausgangswert des Hashes bekannt, kann der Datenverkehr manipuliert werden.

Das Mitlesen des Datenverkehrs ist in der Regel ohne Probleme möglich, sofern der Datenverkehr über HTTP erfolgt. Erfolgt der Datenverkehr allerdings über den gesicherten HTTPS-Weg, wird deutlich, dass die Serveridentität jedes Mal manuell bestätigt werden muss. Da dies den potenziellen Angriff deutlich verlangsamt und die Effektivität des Angriffes schwächt, muss, um dem entgegen zu wirken, ein dauerhaftes Zertifikat als „vertrauenswürdiges Zertifikat" im Endgerät hinzugefügt werden. Ist dies geschehen, kann der Datenverkehr wie zuvor über HTTP mitgelesen und protokolliert werden.

6.4   Technische und organisatorische Maßnahmen

Neben der sicheren Übermittlung medizinischer Daten stellt die Speicherung dieser vertraulichen Informationen eine Herausforderung dar. Neben Fragestellungen wie Datentrennung und Verschlüsselungen sind besondere technische und organisatorische Maßnahmen notwendig, welche Antworten zu Fragen – wie z. B. Systemzugriffe – angeben.

Technische und organisatorische Maßnahmen sollen gewährleisten, dass alle Stellen, die selbst oder im Auftrag personenbezogene Daten nutzen, verarbeiten oder erheben, die Vorschriften des Bundesdatenschutzgesetzes (§ 9 BDSG Anlage (zu § 9 Satz 1)) einhalten. Dabei gibt es acht verschiedene Kategorien an Maßnahmen:

- Zutrittskontrolle
- Zugangskontrolle
- Zugriffskontrolle
- Weitergabekontrolle
- Eingabekontrolle
- Auftragskontrolle
- Verfügbarkeitskontrolle
- Verwendungszweckkontrolle

Erforderlich sind Maßnahmen laut BDSG nur, wenn ihr Aufwand in einem angemessenen Verhältnis zu dem angestrebten Schutzzweck steht, wie es bei personenbezogenen medizinischen Daten der Fall ist.

6.4.1 Zutrittskontrolle

Ziel der Zutrittskontrolle ist es, dass Unbefugten der Zutritt zu solchen Datenverarbeitungsanlagen verwehrt wird, mit denen personenbezogene Daten verarbeitet oder genutzt werden.

Vorgehensweise
1. Festlegung von Sicherheitsbereichen
2. Absicherung der Zugangswege
3. Festlegung von Zutrittsberechtigungen für
   - Mitarbeiter der Firma
   - Firmenfremde (Wartungspersonal, Besucher, usw.)
   - Legitimation der Zutrittsberechtigten
   - Kontrolle des Zutritts

Beispiele für Maßnahmen zur Zutrittskontrolle
a) Festlegung/Unterteilung von Sicherheitsbereichen
b) Realisierung des Zutrittsschutzes
   - Zäune
   - Personenkontrolle beim Pförtner/Empfang
   - Videoüberwachung
   - Sicherheitsdienst führt Kontrollgänge durch
   - Verbindliche Zugangs-Authentifikation (mittels Schlüssel, Chipkarte, ...) für alle Personen
   - Absicherung von Gebäudeschächten
   - Betrieb einer elektronische Zutrittskontrolle
c) Die Räume werden gesichert durch
   - Sicherheitsschlösser
   - Chipkartenleser
   - Codeschlösser
   - Sicherheitsverglasung
   - Alarmanlagen
   - Glasbruchmelder
d) Festlegung zutrittsberechtigter Personen
   - Es gibt Rollen und Gruppen
   - Rollen bzw. Gruppen sind schriftlich/elektronisch bestimmten Personen zugeordnet
   - Benennung verantwortlicher Person für das Rollen- und Gruppenkonzept

e) Verwaltung und Dokumentation von personengebundenen Zutrittsberechtigungen
   - Organisatorische Regelungen über Zugangsberechtigungen zum Geschäftsbereich
   - Dokumentation über Vergabe der Sichtausweise
   - Dokumentation über Vergabe der Schlüssel
   - Definierte Vorgehensweise bei Verlust von Sichtausweis und/oder Schlüssel
f) Tragepflicht von Berechtigungsausweisen
g) Begleitung von Besuchern und Fremdpersonal
   - Besucherüberwachung (Begleitung, Besucherausweis, Protokollierung)
   - Regelungen für Reinigungskräfte (Sorgfältige Auswahl, Reinigung während der Arbeitszeit, Verpflichtung auf Datengeheimnis, Protokollierung, …)
   - Sorgfältige Auswahl von Wachpersonal
   - Regelungen für Wartungspersonal (Begleitung, vorhergehende Anmeldung, Prüfung der Identität, Protokollierung, …)
h) Überwachung der Räume außerhalb der Schließzeiten durch
   - Lichtschranken/Bewegungsmelder
   - Videoüberwachung
   - Alarmanlage (mit Verbindung zu Polizei/Feuerwehr/ext. Wachdienst/Zentrale/Pförtner)
i) Es werden elektronische Zutrittskontrollanlagen verwendet. Dabei werden die Zutrittsprotokolle 12 Monate revisionssicher aufbewahrt. Zur Missbrauchserkennung werden regelmäßig stichprobenartige Auswertungen vorgenommen.

6.4.2 Zugangskontrolle

Ziel der Zugangskontrolle ist es, zu verhindern, dass Datenverarbeitungssysteme, mit denen die Verarbeitung und Nutzung personenbezogener Daten durchgeführt wird, von Unbefugten genutzt werden.

Vorgehensweise
Festlegung der Zugangsberechtigungen für

- Mitarbeiter der Firma
- Firmenfremde (Wartungspersonal, Besucher usw.)
- Legitimation der Zugangsberechtigten
- Kontrolle des Zugangs
- Zugang zu PC-Arbeitsplätzen und beweglichen Rechnern wie Laptops
- Zugang zu Datenträgern

Beispiele für Maßnahmen zur Zugangskontrolle

a) Zugangsschutz zu allen Datenverarbeitungssystemen durch Benutzer-Authentifikation

b) Vorhandensein von Boot-Passwörtern (bei PC-Arbeitsplätzen)

c) Starke Authentifikation bei höchstem Schutzniveau
   - Nutzung von Mechanismen, die Besitz und Wissen zur Authentifikation erfordern (bspw. Chipkarte u. PIN)
   - One-Time-Passwörter (OTP) + Gerät
   - Indirekte Anmeldung (Kerberos)

d) Einfache Authentifikation (Benutzername/Passwort) bei hohem Schutzniveau
   - Vorgaben für die Passwörter (wie mind. 8 Zeichen lang, mind. 1 Buchstabe in Großschreibweise, mind. 1 Buchstabe in Kleinschreibweise, mind. eine Zahl, mind. ein nicht-alphanumerisches Zeichen u. ä.)
   - Ablauffrist des Passworts (z. B. 90 Tage)

e) Authentifikationsgeheimnisse werden nur verschlüsselt über das Netz übertragen

f) Sperrung bei Fehlversuchen/Inaktivität und Prozess zur Rücksetzung gesperrter Zugangskennungen
   - Zugangssperre bei 3 Fehlversuchen
   - Sicheres Verfahren zur Rücksetzung der Sperre (z. B. Neuvergabe einer Nutzererkennung)
   - Nach langen Phasen der Inaktivität wird der Nutzerzugang gesperrt

g) Verbot einer Speicherfunktion für Passwörter und/oder Formulareingaben (Clients)
   - Zugriffspasswörter und/oder Formulareingaben werden nicht auf dem Client selbst oder in seiner Umgebung abgelegt (z. B. Speicherung im Browser, „Passwortdatenbanken" oder Haftnotizen)
   - Nutzer wurden über diese Vorgaben belehrt/informiert

h) Festlegung befugter Personen
   - Existenz von Rollenkonzepten (vordefinierte Benutzerprofile)
   - Zugangsrechte werden immer individuell (personengebunden) vergeben
   - Der Kreis der befugten Personen wurde auf das betriebsnotwendige Minimum reduziert
   - Die individuellen Befugnisse werden regelmäßig auf Notwendigkeit hin überprüft

i) Verwaltung und Dokumentation von personengebundenen Authentifizierungsmedien und Zugangsberechtigungen
   - Ein Prozess zur Beantragung, Genehmigung, Vergabe und Rücknahme von Authentifizierungsmedien und Zugangsberechtigungen ist eingerichtet, beschrieben und wird angewendet
   - Für die Vergabe von Zugangsberechtigungen ist eine verantwortliche Person benannt
   - Existenz einer Vertretungsregelung

j) Protokollierung des Zugangs

- Alle erfolgreichen und abgewiesenen Zugangsversuche werden protokolliert (verwendete Kennung, Rechner, IP-Adresse) und für mindestens 6 Monate revisionssicher archiviert
- Zur Missbrauchserkennung werden regelmäßig stichprobenartige Auswertungen vorgenommen

k) Maßnahmen am Arbeitsplatz des Anwenders
- Bei mehr als 5 min Inaktivität der Arbeitsstation bzw. des Terminals muss ein kennwortgeschützter Bildschirmschoner mithilfe der betriebssystemeigenen Mechanismen automatisch aktiviert werden
- Arbeitsstationen und Terminals werden bei vorübergehendem Verlassen des Arbeitsplatzes gegen unbefugte Nutzung geschützt (z. B. durch manuelle Aktivierung des kennwortgeschützten Bildschirmschoners)

6.4.3 Zugriffskontrolle

Die Maßnahmen zur Zugriffskontrolle müssen darauf ausgerichtet sein, dass nur auf die Daten zugegriffen werden kann, für die eine Zugriffsberechtigung besteht, und dass personenbezogene Daten bei der Verarbeitung, Nutzung und nach der Speicherung nicht unbefugt gelesen, kopiert, verändert oder entfernt werden können.

Vorgehensweise
1. Festlegung der Zugriffs- und Benutzungsberechtigungen für den Zugriff auf Daten durch selbsttätige Einrichtungen für Personen
2. Festlegung der Zugriffsberechtigungen für den Zugriff auf Daten durch selbsttätige Einrichtungen für die Datenbereiche
3. Legitimation der Zugriffs- und Benutzungsberechtigten
4. Durchführung einer Zugriffskontrolle
5. Durchführung einer Benutzungskontrolle für Datenverarbeitungssysteme
6. Absicherung der Datenverarbeitungssysteme

Beispiele für Maßnahmen zur Zugriffskontrolle
a) Existenz von Regelungen und Verfahren zum Anlegen, Ändern, Löschen von Berechtigungsprofilen bzw. Benutzerrollen
b) Nutzung von Passwörtern und definierten Passwortregeln
c) Zugangsberechtigte können nur auf Daten zugreifen, die in dem individuellen Berechtigungsprofil eingerichtet sind
d) Der Umfang der Berechtigungen ist auf das zur jeweiligen Aufgaben- bzw. Funktionserfüllung notwendige Minimum beschränkt (logisch, zeitlich,...)
e) Verwaltung und Dokumentation von personengebundenen Zugriffsberechtigungen
- Ein Prozess zur Beantragung, Genehmigung, Vergabe und Rücknahme von Zugriffsberechtigungen und deren Prüfung ist implementiert

- Berechtigungen sind an eine persönliche Benutzerkennung und an einen Account geknüpft
- Entfällt die Grundlage für eine Berechtigung (z. B. wegen Funktionsänderung), wird diese sofort entzogen
- Der Prozess wird dokumentiert und die Dokumentation wird 12 Monate aufbewahrt

f) Es wurde durch geeignete Maßnahmen verhindert, dass durch Konzentration von verschiedenen Rollen bzw. Zugriffsrechten auf eine Person diese in der Kombination eine übermächtige Gesamtrolle erhalten kann

g) Protokollierung des Datenzugriffs
- Alle Lese-, Eingabe-, Änderungs- und Löschtransaktionen werden protokolliert (Benutzerkennung, Transaktionsdetails) und für mindestens 6 Monate revisionssicher archiviert
- Zur Missbrauchserkennung werden regelmäßig stichprobenartige Auswertungen vorgenommen

h) Sichere Aufbewahrung von Datenträgern

i) Verschlüsselung von Datenträgern

j) Ausstattung von Datenstationen mit Funktionsberechtigungsschlüsseln

6.4.4 Weitergabekontrolle

Ziel der Weitergabekontrolle ist es, zu gewährleisten, dass personenbezogene Daten bei der elektronischen Übertragung oder während ihres Transports oder ihrer Speicherung auf Datenträgern nicht unbefugt gelesen, kopiert, verändert oder entfernt werden können, und dass überprüft und festgestellt werden kann, an welchen Stellen eine Übermittlung personenbezogener Daten durch Einrichtungen zur Datenübertragung vorgesehen ist.

Vorgehensweise
1. Festlegung der Stellen, an die durch die Einrichtungen zur Datenübertragung Daten übermittelt werden können
2. Dokumentation in der Weise, dass eine Feststellung von „Dritten" möglich ist
3. Festlegung der zur Übermittlung bzw. zum Transport Befugten
4. Festlegung von Bereichen, in denen sich Datenträger befinden dürfen
5. Festlegung von Personen, die befugt sind, aus diesen Bereichen Datenträger zu entfernen
6. Kontrolle des Entfernens von Datenträgern
7. Absicherung von Bereichen, in denen sich Datenträger befinden
8. Legitimation der zum Transport berechtigten Personen und Unternehmen
9. Festlegung der Wege und Verfahren des Transportes
10. Absicherung der Übermittlungen bzw. des Transportes

Beispiele für Maßnahmen zur Weitergabekontrolle

a) Protokollierung jeder Übermittlung (sendende/empfangende Stelle)
b) Es werden keine Daten außerhalb der EU erhoben oder verarbeitet, die dem Telekommunikationsgesetz unterliegen
c) Der Verkehr zwischen den Systemen ist über L2TP, IPsec (oder eine vergleichbare Sicherung) gesichert
d) Die Datenübertragungen zwischen Clients und Servern erfolgt verschlüsselt
e) Vorhandensein einer Regelung für die Anfertigungen von Kopien
f) Vorhandensein einer Regelung zur Unterbindung nicht-digitaler Ausgaben oder Weiterleitung von Datensätzen (d. h. keine Drucke)
g) Übertragung im Backend
   – Die Verbindung zu den Backendsystemen ist geschützt
   – Die Verbindungen der Backendsysteme untereinander sind geschützt
   – Daten mit hohem Schutzbedarf werden verschlüsselt
   – Daten, die den geschützten Bereich (z. B. den eines Rechenzentrums) verlassen, werden verschlüsselt
h) Sicherheitsgateways an den Netzübergabepunkten
   – Es existieren Netzwerk-/Hardware-Firewalls
   – Es existieren Personal-/Desktop-Firewalls
   – Die Firewalls sind ständig aktiviert
   – Die Firewalls sind durch den Nutzer nicht deaktivierbar
i) Sichere Ablage von Daten
   – Die Daten werden verschlüsselt lokal abgelegt (gespeichert)
   – Die Daten werden verschlüsselt in einer Datenbank abgelegt
   – Die Daten werden auch im Back-up verschlüsselt abgelegt
j) Die Nutzung von mobilen Datenträgern ist auf ein Minimum beschränkt und findet ausschließlich verschlüsselt statt
k) Datenträgerverwaltung
   – Es existieren Verfahrensregelungen über den Einsatz von Datenträgern
   – Die Anfertigung von Kopien wird dokumentiert und diese Dokumentation 12 Monate aufbewahrt
   – Die bereitgestellten oder abgerufenen personenbezogenen Daten werden in Sicherheitsschränken, z. B. Datasafes, aufbewahrt, soweit der Auftrag oder die Datenverarbeitung an sich eine Gewährleistung der Verfügbarkeit erfordern
   – Durchführung regelmäßiger Bestandskontrollen
l) Versandvorschriften
   – Es existieren Verpackungs- und Versandvorschriften für den Transport von personenbezogenen Daten mittels Datenträgern
   – Für personenbezogene Daten ist eine Verschlüsselung der personenbezogenen Daten vor der Übermittlung obligatorisch
   – Das Transportunternehmen muss sich vor dem Versand autorisieren
   – Bei mehr als 250.000 Datensätzen erfolgt eine Begleitung des Transportes

m) Prozess zur Sammlung und Entsorgung
- Es gibt Regelungen zur datenschutzkonformen Vernichtung von Datenträgern und sie wird protokolliert
- Es gibt Regelungen zur datenschutzkonformen Vernichtung von Dokumenten und sie wird protokolliert
n) Datenschutzgerechtes Lösch-/Zerstörungsverfahren
- Datenträger werden vor Wiederbenutzung durch andere Nutzer datenschutzgerecht gelöscht; eine Wiederherstellung der gelöschten Daten ist gar nicht oder nur mit unverhältnismäßigem Aufwand möglich
- Hardwarekomponenten oder Dokumente werden so vernichtet, dass eine Wiederherstellung gar nicht oder nur mit unverhältnismäßigem Aufwand möglich ist
o) Löschprotokolle
- Die vollständige, datenschutzgerechte und dauerhafte Löschung von Daten bzw. Datenträgern mit Kundendaten des Auftraggebers wird protokolliert
- Die Protokolle werden mindestens 24 Monate revisionssicher archiviert
p) Der Zugang zu den Systemen von außerhalb des Firmennetzwerks ist nur über gesicherte VPN-Zugänge möglich

6.4.5 Eingabekontrolle

Ziel der Eingabekontrolle ist es, mithilfe geeigneter Maßnahmen sicherzustellen, dass nachträglich die näheren Umstände der Dateneingabe überprüft und festgestellt werden können.

Vorgehensweise
Dokumentation der Eingabeverfahren mit der Möglichkeit einer nachträglichen Überprüfung der erfolgten Dateneingaben.

Beispiele für Maßnahmen zur Eingabekontrolle
a) Vergabe von Rechten zur Eingabe, Änderung und Löschung von Daten auf Basis eines Berechtigungskonzepts
b) Die Eingabe, Änderung und Löschung von Daten wird protokolliert. Die Protokolle werden für einen Zeitraum von 12 Monaten revisionssicher aufbewahrt
c) Nachvollziehbarkeit von Eingabe, Änderung und Löschung von Daten durch individuelle Benutzernamen (nicht Benutzergruppen)

6.4.6 Auftragskontrolle

Ziel der Auftragskontrolle ist es, zu gewährleisten, dass personenbezogene Daten, die im Auftrag verarbeitet werden, nur entsprechend den Weisungen des Auftraggebers verarbeitet werden können.

Vorgehensweise

1. Festlegung eindeutiger Vertragsbestimmungen
2. Kontrolle der Vertragsausführung bzw. -erfüllung

Beispiele für Maßnahmen zur Auftragskontrolle

a) Auswahl des Auftragnehmers unter Sorgfaltsgesichtspunkten (insbesondere hinsichtlich Datensicherheit)
b) Schriftliche Weisungen an den Auftragnehmer (z. B. durch Auftragsdatenverarbeitungsvertrag) im Sinne von § 11 Abs. 2 BDSG
c) Wirksame Kontrollrechte gegenüber dem Auftragnehmer sind vereinbart
d) Vertragsstrafen bei Verstößen
e) Vorherige Prüfung und Dokumentation der beim Auftragnehmer getroffenen Sicherheitsmaßnahmen
f) Verpflichtung der Mitarbeiter des Auftragnehmers auf das Datengeheimnis (§ 5 BDSG)
g) Sicherstellung der Vernichtung von Daten nach Beendigung des Auftrags
h) Laufende Überprüfung des Auftragnehmers und seiner Tätigkeiten

6.4.7   Verfügbarkeitskontrolle

Ziel der Verfügbarkeitskontrolle ist es, zu gewährleisten, dass personenbezogene Daten gegen zufällige Zerstörung oder Verlust geschützt sind.

Vorgehensweise

1. Erstellung eines Datensicherungskonzeptes (Back-up-Konzept)
2. Erstellung einer Notfallplanung (Disaster-Recovery)

Beispiele für Maßnahmen zur Verfügbarkeitskontrolle

a) Backup-Konzept
   - Es existiert ein Backup-Konzept
   - Backups finden täglich statt
   - Eine für das Backup verantwortliche Person und deren Vertreter sind benannt
   - Es wird regelmäßig überprüft, ob das Rückspielen eines Backups möglich ist
b) Es existiert ein Notfallplan, in dem die einzuleitenden Schritte aufgeführt werden und festgelegt wird, welche Personen, insb. auch aufseiten des Auftraggebers, über den Vorfall zu unterrichten sind
c) Eine Lagerung von Datensicherungen findet in feuer- und wassergeschützten Datensicherheitsschränken statt
d) Regelmäßige Kontrolle des Zustandes und der Kennzeichnungen von Datenträgern für Datensicherungen
e) Vorhandensein und regelmäßige Prüfung von Notstromaggregaten und Überspannungsschutzeinrichtungen

f) permanente Überwachung der Betriebsparameter

g) Geräte zur Überwachung von Temperatur und Feuchtigkeit in Serverräumen

h) Feuer- und Rauchmeldeanlagen

i) Alarmmeldung bei unberechtigten Zutritten zu Serverräumen

j) Existenz eines aktuellen Virenschutzprogrammes

6.4.8 Verwendungszweckkontrolle

Ziel der Verwendungszweckkontrolle ist es, zu gewährleisten, dass zu unterschiedlichen Zwecken erhobene Daten getrennt verarbeitet werden können.

Vorgehensweise

1. Überwachung der Einhaltung von Regelungen und Maßnahmen
2. Prüfung und permanente Anpassung der Wirksamkeit von Regelungen und Maßnahmen
3. Festlegung eines internen oder externen Datenschutzbeauftragten

Beispiele für Maßnahmen zur Verwendungszweckkontrolle

a) Umsetzung und Dokumentation einer Funktionstrennung (z. B. Vier-Augen-Prinzip, Closed-Shop-Betrieb)

b) Vorhandensein von Richtlinien und Arbeitsanweisungen

c) Vorhandensein von Verfahrensdokumentation

d) Umsetzung von Regelungen zur Programmierung (z. B. separates Test- und Livesystem)

e) Regelungen zur System- und Programmprüfung

f) Es gibt technische und organisatorische Regelungen und Maßnahmen zur Sicherstellung der getrennten Verarbeitung (Speicherung, Veränderung, Löschung und Übertragung etc.) und/oder Lagerung von Daten und/oder Datenträgern mit unterschiedlichen Vertragszwecken

g) Umsetzung eines Abstimmungs- und Kontrollsystems

h) Vorhandensein von Stellenbeschreibungen

6.5 Integritätsschutz: Verfälschung der Medikation eines Diabeteskranken

Eine weitere Herausforderung stellt die Integrität der übermittelten Daten dar. Um einer Manipulation der Daten auf dem Transportweg entgegenzuwirken, sollten Faktoren in die Datenübertragung mit einbezogen werden, die die Echtheit der übermittelten Daten bestätigen oder manipulierte Datensätze erkennen.

Sollte dies nicht geschehen, könnte ein potenzieller Angreifer mit Zugriff auf die Datenverbindung die Medikation des Clients ändern und so eine potenziell lebensbedrohliche Situation hervorrufen. Als Beispiel kann hier die Blut-Glukosemessung eines Diabeteskranken dienen. Durch Peripherien, über die das Bluetooth-Protokoll Messergebnisse an eine App übermitteln, kann der Nutzer bei Betrachtung der App ablesen, ob eine Über- oder Unterzuckerung vorliegt, und entsprechende Gegenmaßnahmen ergreifen. Wenn der Wert manipuliert wäre, könnte es geschehen, dass der Nutzer so das Gegenteil von dem eigentlich Notwendigen tut, seiner Gesundheit also schadet und im schlimmsten Fall den eigenen Tod verursacht.

Die von ePrivacy getesteten IoT-Glukose-Messgeräte wiesen alle keine Authentizitätsprüfung von Device-Seite her auf. Ohne zusätzliche PIN konnte sich theoretisch jeder mit dem Bluetooth-Gerät verbinden und die Kontrolle über dieses erlangen (Device-Hijacking). Dies kann dazu führen, dass zum Zeitpunkt der Messung des Nutzers der potenzielle Angreifer zeitgleich Ergebnisse einer gefälschten Kontrolllösung an das Smartphone des Nutzers übermittelt, um diesem Schaden zuzufügen.

Um die Wahrscheinlichkeit solcher Szenarien bei IoT-Geräten zu unterbinden, ist eine PIN-Authentifizierung durch direkte Darstellung, Töne oder Blinken notwendig und muss auf dem Zielgerät (Smartphone) eingegeben werden, um eine Bluetooth-Verbindung aufbauen zu können.

Um trotzdem die Wahrscheinlichkeit einer Daten-Manipulation zu minimieren, sollte stets eine Prüfsumme aus verschiedenen Variablen herangezogen werden.

Medizinische Datensätze sollten unmittelbar nach ihrer Erzeugung gegen einen möglichen Integritätsverlust geschützt werden. Dies kann sowohl auf Client- als auch auf der Serverseite geschehen. Die Clientseite sollte eine nachträgliche Manipulation unterbinden und die Serverseite ebenfalls, damit Mitarbeiter Daten nicht manipulieren können und damit ein Download alter Datensätze des Clients auf ein neues Smartphone ohne veränderte Daten realisiert werden kann.

Folgende Verfahren können automatisiert für eine Integritätsprüfung eingesetzt werden. Diese Verfahren sind für besonders schützenswerte Daten von Relevanz, wie es bei Sozialversicherungen oder Krankenkassen der Fall ist:

- Automatische Anbringung einer Qualifizierten Elektronischen Signatur (QES)
- Automatische Anbringung eines qualifizierten elektronischen Zeitstempels eines akkreditierten Zertifizierungsdiensteanbieters (Trusted Third Party)
- Automatische Anbringung einer fortgeschrittenen Signatur gem. SigG
- Automatische Anbringung einer PGP-Signatur, die mit einem ausreichend sicheren Schlüssel erzeugt wurde

Eine qualifizierte elektronische Signatur (QES) ist nach dem deutschen Signaturgesetz eine fortgeschrittene elektronische Signatur, die auf einem (zum Zeitpunkt ihrer Erzeugung gültigen) qualifizierten Zertifikat beruht und mit einer sicheren Signaturerstellungseinheit (SSEE) erstellt wurde. Die Entsprechungen in Österreich und in Liechtenstein werden als sichere elektronische Signatur bezeichnet. Mit der Novellierung des österreichischen Signaturgesetzes zum 1. Januar 2008 wurde der Begriff jedoch auch auf qualifizierte elektronische Signatur geändert. Dabei handelt es sich um eine Bestätigung, dass kein Fehler vorliegt.

6.6 Zwei-Faktor-Authentifizierung

Die Zwei-Faktor-Authentifizierung dient dem Identitätsnachweis eines Nutzers mittels der Kombination zweier unterschiedlicher und insbesondere unabhängiger Komponenten (Faktoren). Beide Komponenten müssen der Person gehören und im Optimalfall muss eine der Komponenten immateriell sein, sprich nur im Gedächtnis der entsprechenden Person existieren (z. B. in Form einer PIN-Nummer).

Im Onlinebanking wird z. B. die Eingabe der Log-in-Daten vorausgesetzt. Sollte eine Person eine Überweisung tätigen, muss dann zusätzlich eine TAN-Nummer eingegeben werden. Diese TAN-Nummer befindet sich entweder auf einer Liste in Papierform oder wird als SMS zu der registrierten Mobilfunknummer übermittelt. Für Anwendungen im E-Health-Bereich kann die Zwei-Faktor-Authentifizierung wie folgt erreicht werden:

- Faktor 1: Versichertenkarte mit entsprechender ID
- Faktor 2: Log-in-Daten (Username und Passwort)
- Faktor 1: Log-in-Daten
- Faktor 2: Mobiles Gerät (Smartphone) für TAN-Autentifizierung

Als eine Erweiterung der Zwei-Faktor-Authentifizierung gilt die Drei-Faktor- bzw. Multi-Faktor-Authentifizierung. Hierbei wird ein dritter Faktor mitberücksichtigt. Dieser kann die postalische Adresse des Endnutzers sein, da dieser im Regelfall einen alleinigen Zugang zum Briefkasten der Meldeadresse hat. Dann wären z. B. folgende Authentifizierungen möglich:

- Faktor 1: Versichertenkarte mit entsprechender ID
- Faktor 2: Log-in-Daten (Username und Passwort)
- Faktor 3: TAN-Liste, welche postalisch zugesandt wurde
- Faktor 1: Log-in-Daten
- Faktor 2: Mobiles Gerät (Smartphone) für TAN-Authentifizierung
- Faktor 3: Authentifizierungs-PIN, der postalisch zugesandt wurde.

Die Nutzbarkeit des Smartphones als Faktor ist auch möglich und sollte mit weiteren Faktoren gekoppelt werden. Eine SMS-TAN könnte aber auch bei gesperrtem Bildschirm abgelesen werden (SMS-Vorschau). Die Anforderungen an das Smartphone sind dementsprechend hoch, dies zu unterbinden. Eine Push-Notification sollte daher nur den informellen Charakter haben, dass eine TAN Nummer an die installierte App versandt wurde. Öffnet der Nutzer nun die App (unter vorheriger Eingabe einer lokal gesicherten und definierten App-PIN), kann die TAN aufgerufen werden.

Die Anbieter müssen also also unabhängig von den Beschaffenheiten der Smartphones sicherstellen, dass ein unerwünschter Einblick Dritter unterbunden wird. Sollte dies der Fall sein, ist das Smartphone als dritter Faktor einsetzbar. In Abb. 6.6 findet sich eine Beispielimplementierung mit Log-in ohne Captcha oder sonstige zusätzliche Authentifizierung.

Bei der elektronischen Kommunikation über Apps sind die allgemeinen Anforderungen zur Sicherung des Zugangs zur Kommunikation anzuwenden. Dies gilt insbesondere bei Übermittlung sensibler Daten, wie sie im medizinischem Kontext der Fall sind. Entsprechend der Schutzbedarfsfeststellung/Risikoanalyse sind die Anforderungen entsprechend dem Schutzbedarf der elektronischen Kommunikation auszugestalten:

- Für eine Authentifizierung bei einer Online-Geschäftsstelle über eine App gelten die Ausführungen zur Online-Kommunikation.
- Bei einer Kommunikation mit dem App-Server hat bei der Erstanmeldung zum System mindestens eine Zwei-Faktor-Authentifizierung zu erfolgen. Dies kann auf folgendem Weg geschehen:
  - Erstidentifikation am Server
  - Mitteilung der Zugangsdaten über Post
  - Die Authentifizierung am App-Server erfolgt über die per Post mitgeteilten Geheimnisse/Zugangsdaten.
  - Bei Übermittlung von Daten der Schutzklasse „hoch/sehr hoch" sind weitere (transaktionsbezogene/sitzungsbezogene) Sicherungsmittel erforderlich.
  - Für einfache Datenabrufe ohne personenbezogene Daten über einen App-Server empfehlen die Prüfdienste, eine Nutzung der App ohne Anmeldung zu ermöglichen.
- Die Mindestanforderungen für alle Fälle der App-Kommunikation sind:
  - Die App darf keine nutzerbezogenen Daten ungesichert auf dem Gerät speichern. Diese Daten sind auf dem App-Server gesichert vorzuhalten.
  - Während der Nutzung der App gespeicherte Daten sind in einem gesicherten Bereich abzuspeichern.

6.7   Revisionssichere Archivierung

Besonders schützenswerte medizinische Datensätze müssen unmittelbar nach Eingang beim Anbieter und vor dem Einspielen in eine Fachanwendung auf nicht wiederbeschreibbaren Datenträgern oder in einem revisionssicheren Archiv gespeichert werden. Die Datensätze müssen während der Aufbewahrungsfristen lesbar gemacht bzw. für eine Auswertung über Prüfsoftware zur Verfügung gestellt werden können. Der Zugriff auf die archivierten Daten ist in einem Benutzerkonzept festzulegen. Administrationsrechte mit der Möglichkeit der Veränderung oder Löschung von Daten sind restriktiv zu vergeben. Es wird empfohlen, die in der „Technischen Richtlinie TR 03125 – Beweiswerterhaltung kryptographisch signierter Dokumente" (TR-ESOR) enthaltenen Anforderungen an eine beweiswerterhaltende Archivierung elektronischer Daten oder Dokumente zu verwenden.

```java
package bruteforce;

import java.util.concurrent.TimeUnit;

import org.openqa.selenium.By;
import org.openqa.selenium.Keys;
import org.openqa.selenium.WebDriver;
import org.openqa.selenium.firefox.FirefoxDriver;

public class BruteForce {

    public static void main(String[] args) throws InterruptedException {

        WebDriver d = new FirefoxDriver();
        d.get("https://www.exampleWebsite.eu/login/");
        d.manage().timeouts().implicitlyWait(30, TimeUnit.SECONDS);

        String password = "";
        for (int i = 0; i <= 8; i++) {

            d.get("https://www.exampleWebsite.eu/login/");
            d.manage().timeouts().implicitlyWait(20, TimeUnit.SECONDS);

            System.out.println(i);
            d.findElement(By.id("user")).sendKeys("example@user.eu");
            d.findElement(By.id("pass")).sendKeys("charChain" + i);
            d.findElement(By.id("pass")).sendKeys(Keys.RETURN);

            if (d.getPageSource().contains("You're now logged in as ")) {
                System.out.println("Password found: " + password);
                break;
            }
        }
    }
}
```

Abb. 6.6 BruteForce am Beispiel eines Website Logins. (Quelle: ePrivacy Gmbh, ePrivacyLab Schulungsunterlagen)

6.8   Unsicherheit durch Social Engineering

Das sicherste EDV-System ist für Angriffe anfällig, wenn die Schwachstelle nicht das Device oder die Software, sondern der Mensch an sich ist, welcher für die Programmierung oder den Support der Systeme verantwortlich ist.

In der ePrivacy-Studie wurden Mitarbeiter von Apps auf Manipulierbarkeit hin überprüft, sodass diese, im Glauben etwas Richtiges zu tun und dem Endnutzer zu helfen, persönliche Informationen unbeteiligter Dritter weitergaben und Vollzugriffe auf diverse Useraccounts vergaben.

Social Engineering ist die zwischenmenschliche Beeinflussung einer Person, um an Informationen zu gelangen. Als Beispiel soll die Herangehensweise von ePrivacy in der Medical-App-Studie dienen:

Zunächst registrierten die Tester von ePrivacy einen „echten" Account und gaben sämtliche Daten an, auch medizinisch vertrauliche. Zum Registrierungsprozess gehörte meist die Eingabe der persönlichen E-Mail-Adresse inkl. Passwort, um sich bei der App anzumelden. Des Weiteren Vor- und Zuname, Medikation, Alter, ggf. Versichertennummer usw. Dieser echte Account konnte z. B. folgende Daten beinhalten:

- Versichertennummer: 122344566789
- Name: Altgritt
- Vorname: Sabine
- Telefonnummer: 017012234455569
- E-Mail-Adresse: s.altgritt@gmail.com
- Passwort: Sabi1980!
- Medikation1: Medikinet 5 mg
- Medikation2: Medikinet 10 mg
- Medikation3: HIV-Medikament
- Behandelnder Arzt: Dr. Ernst Hamburg

Dem potenziellen Angreifer ist die E-Mail-Adresse des „echten" Accounts, an dessen Daten er kommen möchte, bekannt. Diese kann er sich zuvor z. B. durch soziale Netzwerke oder per direktem Kontakt organisiert haben. Im genannten Szenario hat sich der Angreifer also eine ähnliche E-Mail-Adresse (E-Mail-Adresse: d.altgritt@gmail.com) registriert.

Nun schreibt der Angreifer den Support der App an und gibt an, das Passwort der alten E-Mail-Adresse vergessen zu haben und darum keinen Zugriff mehr auf diese zu haben. Parallel bittet der Angreifer den Suppport, 1) entweder das Passwort zu resetten oder das Passwort im Klartext an die neue E-Mail-Adresse zu senden oder 2) die E-Mail-Adresse im System durch die „neue" (eigentlich falsche) zu ersetzten.

Ein Großteil der App-Anbieter versendeten das Passwort der „echten" Person an die E-Mail-Adresse des Angreifers. Dadurch ist erkennbar, dass die Passwörter unverschlüsselt in den Datenbanken der Anbieter gespeichert wurden, was aus Datenschutzsicht nicht tragbar ist. Andere wiederum ersetzen die E-Mail-Adresse durch die falsche und gewährten nach einem Passwort-Reset mit der neuen E-Mail-Adresse einen vollen Zugriff auf die persönlichen Daten des echten Nutzers. Dieser hat in beiden Szenarien die Kontrolle über die eigenen Datensätze verloren.

Durch das Wissen, welche Medikation das Opfer erhält, könnte der Angreifer beispielsweise bei einem abendlichen Ausgang Medikamente in Essen oder Getränk mischen, welche eine potenziell schädigende Wechselwirkung mit aktuellen Medikamenten haben, oder verbreiten, welche Krankheiten das Opfer hat. Ein SSL-Protokoll kann in solchen Fällen die Schwachstelle Mensch nicht kompensieren.

Der korrekte Weg der App-Anbieter wäre hierbei gewesen, den Nutzer aufzufordern, sich neu zu registrieren oder zumindest zwei zusätzliche Authentifizierungsmethoden in den Prozess mit einzubauen (z. B. Versichertennummer und Telefon-TAN).

Das genannte Beispiel wurde in der ePrivacy-Studie mit dem Ergebnis überprüft, dass Schulungen der Mitarbeiter unerlässlich sind, um Social Engineering zu unterbinden.

6.9   Krankenhaus-IT

Die Vermutung, dass Handystrahlung empfindliche medizinische Gräte beeinflussen kann, wurde spätestens im Jahr 2007 durch eine Studie, in welcher die Auswirkungen von Handystrahlung auf solche Geräte thematisiert wurden, widerlegt.[6] In der heutigen Zeit bieten Krankenhäuser vermehrt WLAN-Zugänge für Mitarbeiter und Patienten an. Dem Mehrwert der Anbindung an das Rechnernetz, mit Verknüpfung an das World Wide Web, steht jedoch auch eine Krankenhaus-IT gegenüber, die sich theoretisch stets mit potenziellen Angriffen auseinandersetzen muss. Sofern die Funknetzwerke für Patienten und Mitarbeiter technisch und logisch voneinander getrennt sind, können potenzielle Patientendaten, die im Netzwerk des Krankenhauses verfügbar sind, nicht ohne Weiteres eingesehen werden.

Besitzt der Angreifer keinen Einstiegspunkt in Form eines Zuganges für das Mitarbeiternetzwerk, kann dieser keinen klassischen Man-in-the-Middle-Angriff durchführen.

Bei Software-Systemen finden sich Maßnahmen sowohl auf Ebene der System Requirements Specification (z. B. der Beschreibung eines Log-in-Dialogs) als auch auf Software-Architektur-Ebene, z. B. in Form von Komponenten zur Verschlüsselung[7]. Das BSI hat einen Grundschutzkatalog veröffentlicht[8], der sowohl Gefährdungen für die IT-Security als auch Gegenmaßnahmen listet[9] (siehe Abschn. 6.1).

Während dieser Grundschutzkatalog viele einzelne Maßnahmen listet, beschreiben Managementstandards wie das IT-Security-Management nach ISO 27001 stärker prozessorale Aspekte.

---

[6]Tri (2007, S. 282–285).

[7]Johner IT-Security (2016).

[8]BSI Grundschutz (2016).

[9]DfBL (2014).

6.9.1   Klinische Informationssysteme

Klinische Informationssysteme sind i. d. R. Software-Anwendungen im Krankenhaus, die der Speicherung und Verarbeitung von Patientendaten dienen mit dem Ziel der direkten Patientenbehandlung. Ein Abrechnungssystem würde man daher nicht als klinisches Informationssystem betrachten, ein Krankenhaus-Informationssystem (KIS) hingegen schon, wobei man unter einem KIS oft wieder die Gesamtheit mehrerer klinischer Informationssysteme versteht und nicht eine einzelne Software-Anwendung. Beispiele für klinische Informationssysteme sind[10]:

- Patientendaten-Managementsysteme (PDMS)
- OP-Managementsysteme (OMS)
- Labor-Informationssysteme (LIS)
- Radiologie-Informationssysteme (RIS)
- Pflege-Informationssysteme

Ob Bildarchivierungssysteme (PACS) oder Systeme ohne direkten Patientenbezug wie Arzneimittelinformationssysteme (AIMS) noch zu den klinischen Informationssystemen zählen, ist umstritten. Zu den wesentlichen Funktionen und Zielen von klinischen Informationen zählen

- Dokumentation medizinischer/klinischer Daten wie Anamnesen, Befunde, Diagnosen, Therapien usw.
- Unterstützung der Zusammenarbeit, Workflow-/Prozessunterstützung
- Entscheidungsunterstützung
- Kommunikationsunterstützung

6.9.2   Evil-Twin-Accesspoint

Eine effektive Variante, um in ein gesichertes Funknetzwerk zu gelangen, stellt der sogenannte Evil-Twin-Accesspoint dar. Der Evil-Twin-Accesspoint ist eine Variante des Man-in-the-Middle-Angriffs, bei dem der Angreifer vorgibt, das Funknetzwerk zu sein, mit dem sich das potenzielle Opfer verbindet (siehe Abb. 6.7).

Ist der Angreifer lediglich an dem Passwort für das Funknetzwerk und der MAC-Adresse des Gerätes, mit welchem sich das Opfer verbindet, interessiert, kann dieser nach dem ersten Loginversuch des Opfers seinen Angriff beenden. Eine alternative Variante

---

[10]Johner Informationssysteme (2016).

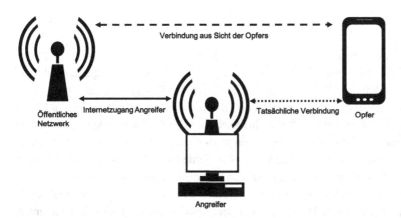

Abb. 6.7 Aufbau Evil-Twin-Accesspoint

des Evil-Accesspoints stellt die Bereitstellung einer echten Internetverbindung dar, die der Angreifer nutzt, um einen klassischen Man-in-the-Middle-Angriff durchzuführen.[11] Auf diese Variante soll hier aber nicht weiter eingegangen werden.

Um die Gefahr eines Evil-Accesspoint-Angriffs zu senken, können die Netzwerkadministratoren einen MAC-Filter in den Zugangspunkten einrichten. Dies bedeutet, dass nur Geräte einen Netzwerkzugang erhalten, welche vorher bei den verantwortlichen Administratoren als vertrauenswürdig akzeptiert wurden. Durch die Fluktuation von Mitarbeitern und Geräten (neue Smartphones, Tablets, usw.) ist dies mit einem Mehraufwand verbunden. Die Liste der authorisierten Geräte muss stets aktualisiert werden.

Sollte der Angreifer jedoch auch die MAC-Adresse des Netzwerkadapters eines authorisierten Gerätes klonen, kann die MAC-Filterung umgangen werden. Da die MAC-Adresse nicht vom Netzwerkadapter, sondern durch das Betriebssystem oder den Netzwerkmanager übertragen wird – also durch Software – kann eine bekannte MAC-Adresse geklont werden. Dieses Verfahren nennt sich MAC-Spoofing. Ein MAC-Filter kann also nur als schwacher Zugangsschutz für ein Netzwerk angesehen werden.

6.9.3   Intranet mit stationären Einstiegspunkten

Einstiegspunkte in das Krankenhausnetzwerk kann man von nahezu jedem Raum erspähen. Patientenzimmer sind mit LAN-Steckverbindungen versehen, damit bei einer diätetischen Überwachung des Patienten Anomalien direkt an den behandelnden Arzt oder das unterstützende Personal weitergeleitet werden können. Gerade bei Komapatienten oder

---

[11]Huber (2014).

Menschen, die sich nicht oder nur schwer mitteilen können, wird diese Art des Monitorings verwendet.

Neben den Patientenzimmern verfügen Behandlungszimmer ebenfalls über LAN-Steckverbindungen, damit Messungen, Befunde und Sonstiges vom Messgerät direkt auf die PCs der behandelnden Ärzte oder des unterstützenden Personals gelangen. An diesen PCs werden dann in der Regel ergänzende Informationen zu den übermittelten Daten niedergeschrieben und an entsprechende Instanzen innerhalb des Krankenhauses übermittelt. Das Intranet in Krankenhäusern ist ein in sich geschlossenes System. Die Kommunikation nach außen mit dem World Wide Web würde über einen definierten Ausgang oder durch PCs erfolgen, welche einen regulären Internetanschluss besitzen.

Da Krankenhäuser mit Intranets arbeiten, werden Mitteilungen und weiterführende Informationen an behandelnde Hausärzte über den Postweg versandt oder dem Patienten direkt mitgegeben.

Um sich als potenzieller Angreifer in ein Krankenhaus-Intranet einklinken zu können, ist ein direkter „harter Zugang" (LAN-Kabelverbindung) von Nöten. Da LAN-Buchsen in vielen Räumen zur Verfügung stehen und Krankenhauspersonal und Ärzte fluktuieren, könnte sich ein als Krankenhelfer verkleideter Angreifer Zugang zu einer dieser LAN-Buchsen verschaffen und befände sich dann im Intranet.

Um einen Schutz vor nicht erwünschten Personen im Netzwerk zu erhalten, sollte jedes Gerät bei der entsprechenden Krankenhaus-IT vorab angemeldet werden und nicht verifizierte Devices kategorisch aus dem Netzwerk ausgeschlossen werden. Parallel sollte eine Warnung an die entsprechende Instanz der Krankenhaus-IT erfolgen, welche den potenziellen Angreifer so stellen könnte.

6.10   Löschung digitaler Informationen

Allen Verfahren ist gemeinsam, dass sie den Zugriff auf defekte Speicherbereiche von Anwendungs-Programmen unterbinden, zu denen auch alle Überschreibprogramme zählen. Festplatten erlauben auch die Einrichtung geschützter Festplattenbereiche (HPA). Mit speziellen Analyse-Programmen sind jedoch diese gesperrten/geschützten Speicherbereiche gegebenenfalls auslesbar, soweit dies physikalisch noch möglich ist.

Daten auf intakten Festplatten können mit spezieller Software durch Überschreiben vollständig und nicht wiederherstellbar gelöscht werden. Dabei werden die Daten einmal oder mehrfach mit vorgegebenen Zeichen oder Zufallszahlen überschrieben, was in den meisten Fällen ausreichend ist. Bei älteren Festplatten (<80 GB) sollten die Daten siebenfach überschrieben werden.

Moderne Festplatten erlauben die Anwendung des ATA-„Secure-Erase" Befehls. Hierbei wird eine herstellerspezifische Routine in der Festplatte angestoßen, welche die gesamte Festplatte inklusive defekter Speicherbereiche löschen soll. Bei SSD oder SSHD wird diese Löschmethode empfohlen. Die Anwendung von „Secure Erase" sollte mit dem oben angeführten Überschreiben mit Zufallszahlen kombiniert werden. Die Datenträger sind nach dem Überschreiben weiterhin nutzbar.

Wenn eine Festplatte wegen eines Defekts nicht überschrieben werden kann, so ist diese physisch stark zu beschädigen oder zerstören. Dies gilt auch für Speichermedien wie CD/DVDs, USB-Sticks usw.

Eine Löschung, indem man Daten in den Papierkorb schiebt und diesen dann leert, ist nicht ausreichend. Datensätze sollten mit entsprechender Software bei der Löschung mehrfach überschrieben werden, um eine Wiederherstellung zu unterbinden.

Speichermedien, auf denen Back-ups des zu löschenden Systems angelegt wurden, sollten ebenfalls mehrfach softwaretechnisch überschrieben werden, da ansonsten eine wirksame Vernichtung der Daten nicht gewährleistet werden kann.

6.11   Regulatorische Anforderungen an die IT-Sicherheit im Gesundheitswesen

Im europäischen Rechtsraum gibt es im Gegensatz zu den USA nur wenige konkreten Vorgaben, wie IT-Security bei Medizinprodukten anzuwenden ist. Zu den vorhandenen Vorgaben zählen IEC 62304 und ISO 14971:

- IEC 62304: Mit dem Ammendment I (2016) der IEC 62304 fordert die Norm, dass die Software-Anforderungen Anforderungen an die IT-Sicherheit beinhalten müssen.
- ISO 14971: Im Risikomanagement (z. B. konform mit ISO 14971) mussten schon immer alle Risiken adressiert werden, somit auch Risiken, die durch mangelnde IT-Sicherheit verursacht werden. Dies schließt Cyber-Angriffe mit ein.

Die FDA stellt konkrete Anforderungen, die in zwei Guidance-Dokumenten zum Thema Cyber-Security veröffentlicht wurden, die die FDA in einem Artikel zu FDA Cybersecurity Guidance vorstellt[12].

Neben den genannten Normen existieren nationale Vorschriften (wie beispielsweise das BSI-Gesetz[13]) sowie weitere Anforderungen des Bundesamts für Sicherheit in der Informationstechnik (BSI) speziell an das Gesundheitswesen. Im Zuge der „Nationalen Strategie zum Schutz kritischer Infrastrukturen" (KRITIS-Strategie) wurde das IT-Sicherheitsgesetz in Kraft gesetzt, das das Gesundheitswesen explizit mit einschließt.

Durch die stärkere Vernetzung werden Medizinprodukte-Hersteller zunehmend auch zum Betreiber, sodass die MPBetreibV zum tragen kommt, die den sicheren Betrieb fordert.

Die IEC 80001 ist eine Norm, die das Risikomanagement beim Betrieb von IT-Systemen im Gesundheitswesen beschreibt. Die Daten- und Systemsicherheit (IT-Security) ist eines der drei expliziten Schutzziele.

Weiter müssen die Betreiber den Datenschutz gewährleisten. Die IT-Sicherheit ist eine notwendige, aber nicht hinreichende Voraussetzung dafür.

---

[12]Johner (2016).
[13]BSI-Gesetz (2009).

6.12   Maßnahmen zum technischen Schutz der Daten

Nicht alle EU-Mitgliedsstaaten sehen E-Health als einen kritischen Sektor an; in manchen Fällen stellen E-Health-Dienste eine andere Kategorie von Notfalldiensten dar und sind nicht als kritisch klassifiziert. In anderen Fällen werden wiederum Healthcare-ICT-Dienste (ICT: Information and Communications Technology) nicht als kritisch angesehen, da die einzelnen Systeme voneinander isoliert sind, sodass jeder Vorfall eine sehr geringe bis keine Auswirkung auf andere Systeme haben würde.[14] Folgende Risiken sind dennoch im E-Health-Sektor als die „drei Perspektiven" klassifiziert worden:

- Die erste Perspektive, healthcare business continuity, untersucht, welche Assets (Infrastrukturen und Dienste) benötigt werden, um eine grundlegende Funktionalität von kompletten E-Health-Systemen und die Beständigkeit gegenüber der Gesellschaft zu sichern. Unter dieser Perspektive werden zentrale Komponenten und/oder Dienste, die das Rückgrat des E-Health-Systems kompromitieren, als kritisch angesehen. Diese Komponenten können Gesundheitsdienstleister oder Patientenindexdienste, Dokumentenregister, medizinische Datenbanken, E-Health-spezifische Identifikationsdienste usw. umfassen.
- Die zweite Perspektive ist die Datensicherheit und -integrität. Sie untersucht die Datenspeicherungskomponenten, Netzwerkelemente (z. B. einen Zugriffsrouter zu der Seite, die die E-Health-Anwendungen hostet) zum Austausch von Gesundheitsdaten sowie Identitäts- und Zugriffsmanagementsysteme (Identity and Access Management System – IAM).
- Die dritte Perspektive fokussiert sich auf die Verfügbarkeit. Wenn z. B. die Unerreichbarkeit eines Dienstes einen zu hohen Einfluss auf die Gesellschaft hat (wie etwa den Verlust eines Menschenlebens), dann wäre dieser Dienst kritisch. Aus dieser Perspektive werden Anwendungen wie elektronische Gesundheitsdaten als kritisch angesehen, wohingegen Netzwerkverfügbarkeit entscheidend ist. Darüber hinaus werden Systeme und Dienstleistungen, die direkt mit der Versorgung des Patienten als diagnostische Systeme und Intensivstation (Intensive Care Unit – ICU) verknüpft sind, und die Systeme, die Informationen in Bezug auf die Patientenversorgung zusammenfassen, ebenfalls als kritisch angesehen.
- Um alle kritischen Assets in E-Health-Systemen darzustellen, muss eine Annäherung, wie sie in Abb. 6.8 zu sehen ist, realisiert werden.[15]

Als erstes werden die kritischen E-Health-Dienste identifiziert. Dann werden sie auf ihre Hauptanwendung runtergebrochen, welche wiederum in CII Assets gebrochen werden. Dies ist eine herkömmliche Annäherung, die die EU-Mitgliedsstaaten annehmen könnten, um ihren Fokus beim Klassifizieren von E-Health-Infrastrukturen zu finden.

---

[14]ENISA (2015).
[15]ENISA (2015).

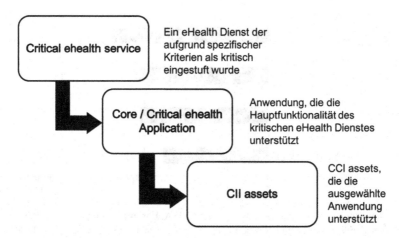

Abb. 6.8 Schritte zum Identifizieren der CIIs. (Quelle: ENISA: European Union Agency for Network and Information Security, Security and Resilience in E-Health: Catalogue Number TP-04-15-824-EN-N, https://www.enisa.europa.eu/publications/security-and-resilience-in-E-Health-infrastructures-and-services/at_download/fullReport, zuletzt besucht: 7. Februar 2017)

Dennoch haben die meisten EU-Mitgliedsstaaten keine spezifische Methodik, Gesetzgebungen oder Regulationen für das Identifizieren von kritischen E-Health-Infrastrukturen entwickelt.

Die Identifikation und der Schutz von kritischen E-Health-Infrastrukturen basieren auf der generellen Regulation und Strategy für CIIP – wo auch immer diese anwendbar sind. Wie bei der Bestandsaufnahme unterstrichen, haben nicht alle Mitgliedstaaten kritische E-Health-Infrastrukturen definiert und relevante Assets identifiziert. Daher ist das Verfahren zum Schutz der Letzteren vor allem auf Bemühungen der einzelnen Healthcare-Einheit oder der Systembetreiber basierend.

Beispiele von CIIP Ansätzen:[16]
- In Griechenland wird das CIIP über die Zivilschutzgesetze in Aktionsprogrammen wie Perseas und Xenocratis horizontal abgewickelt. Mit anderen Worten bedeutet dies, dass E-Health-Infrastrukturen dann als kritisch betrachtet werden, wenn sie bei einem Notfall nicht verfügbar sind. Da jedoch Griechenland keine nationale Asset-Risikobewertung durchgeführt hat, können Healthcare-Systeme nicht als kritische Informationsinfrastrukturen betrachtet werden.
- In einem anderen Beispiel hat Estland einen bundesweiten Ansatz zur IT-Systemsicherheit und verschiebt die Verantwortung von E-Health CIIP an die estnische E-Health-Foundation, obwohl E-Health nicht als ein CII in Estland betrachtet wird.
- In Finnland sind die CIIs sowie alle E-Health-Infrastrukturen gesetzlich geregelt im „Gesetz über die elektronische Verarbeitung von Kundendaten im sozialen und gesundheitlichen Bereich 159/2007".

---

[16]ENISA (2015).

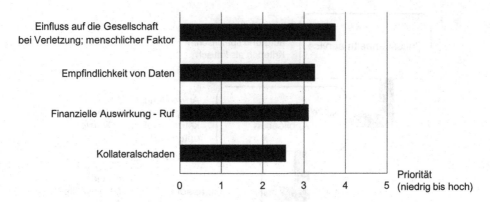

Abb. 6.9 Bewertung von kritischen Assets. (Quelle: ENISA: European Union Agency for Network and Information Security, Security and Resilience in E-Health: Catalogue Number TP-04-15-824-EN-N, https://www.enisa.europa.eu/publications/security-and-resilience-in-E-Health-infrastructures-and-services/at_download/fullReport, zuletzt besucht: 7. Februar 2017–2018)

In Deutschland umfasst das neue IT-Sicherheitsgesetz Sicherheitsmaßnahmen für alle kritischen Informationsinfrastrukturen. E-Health-Dienstleistungen werden hierzulande als kritisch betrachtet. Da es sich beim BSI um die nationale Sicherheitsbehörde Deutschlands handelt, sind sie die zuständige Behörde, um die Umsetzung der gesetzlich vorgeschriebenen Bestimmungen zu koordinieren und zu überwachen, Leitlinien vorzugeben usw.

Auf der Grundlage der Informationen, die von der ENISA in einer Umfrage erworben wurden, werden folgende Assets als kritisch angesehen (siehe Abb. 6.9 und Tab. 6.1):[17]

- Informationsnetze in Krankenhäusern (Gesundheitsinformationssysteme)
- Klinische Datenrepositories, d. h. die Datenbanken in jedem Krankenhaus, in denen Informationen lokal gespeichert werden
- Authentifizierungsserver, um Zugriffssteuerung und Authentifizierung von Benutzern durchzuführen
- Laborinformationssysteme (LIS)
- Radiologische Informationssysteme (RIS)
- Bildarchivierungs- und Kommunikationssysteme (PACS), d. h. Übertragung von radiologischen Ergebnissen
- elektronische Gesundheitskomponenten
- Patient-Health-Record-Dienste
- ePrescription-Dienste

---

[17]ENISA (2015).

Tab. 6.1   EHR assets analysis (ENISA 2015)

Asset	Auswirkung im Falle eines Ausfalls
Komponenten des Netzwerks, die die Betreiber des Gesundheitswesens mit dem EHR-System verbinden	Verlust der Verfügbarkeit (kein Zugriff auf Informationen)
Identity Management System, für Zugangskontrolle und Autorisierung	Verlust der Verfügbarkeit (kein Zugriff auf dedizierte Systeme)
Web-, Application- und Datenbankserver	Verlust der Verfügbarkeit (kein Zugriff auf Anwendungen)
Geschäftsprozess und Anwendungslogik zur Sicherung der Datenintegrität	Datenintegritätsverletzung
Interoperability Enterprise Service Bus – Dokumentenaustauschschnittstelle	Verlust der Verfügbarkeit (kein Informationsaustausch)
Datenbanken und Speicherkomponenten	Verlust der Verfügbarkeit (Speicherung und Abruf von Informationen nicht mehr möglich)
Überwachung und Protokollierung von Informationsaustauschen	Vertraulichkeitsverletzung (unüberwachter Zugang zu sensiblen Informationen)
Benutzerverwaltung und Patientendaten	Vertraulichkeits & Datenintegritätsverletzung (Missbrauch und unauthorisierter Zugriff auf Informationen)
Master Patient Indizes, Healthcare-Anbieter-Register	Datenintegritätsverletzung

6.13   Herausforderungen der Sicherheit in E-Health-Systemen

E-Health steht vor zahlreichen Sicherheitsproblemen. In einer Umfrage wurden die Teilnehmer befragt, wo die wichtigsten Herausforderungen für die Sicherheit im Internet in E-Health-Infrastrukturen und -Systemen liegen. Die Ergebnisse sind in Abb. 6.10 dargestellt.

6.13.1 Systemverfügbarkeit

Systemverfügbarkeit ist das Grundmerkmal für die Erreichung der Kontinuität der elektronischen Gesundheitsversorgung. Es geht um kontinuierliche Zugänglichkeit von kritischen Gesundheitsinformationen durch autorisierte Fachleute, um die beste Gesundheitsversorgung zu gewährleisten.

Die Systemverfügbarkeit kann sich auf die physikalische Systemfunktion (z. B. Netzwerke, Speicherung) beziehen und die Gesundheitsversorgung wesentlich beeinflussen. Ist das Netzwerk ausgeschaltet, können die Anbieter der E-Health-Anwendungen nicht auf Patientendaten zugreifen. Generell kann gesagt werden: Je höher die Digitalisierung im Gesundheitssektor eines Landes, desto öfter sind die Gesundheitsdienste durch

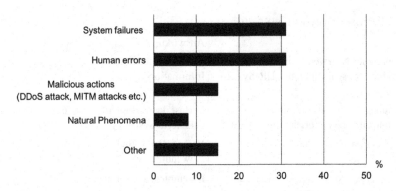

Abb. 6.10 Die sieben Gründe für Sicherheitsvorfälle. (Quelle: ENISA: European Union Agency for Network and Information Security, Security and Resilience in E-Health: Catalogue Number TP-04-15-824-EN-N, https://www.enisa.europa.eu/publications/security-and-resilience-in-E-Health-infrastructures-and-services/at_download/fullReport, zuletzt besucht: 7. Februar 2017)

Unterbrechungen in E-Health-Infrastrukturen betroffen. Aus diesem Grund werden Netzwerke und Informationen bezüglich der Systemverfügbarkeit als sehr kritisch angesehen. Die Verfügbarkeit der Systeme kann sich auch auf die Laufzeit der Business-Continuity-Infrastruktur und der vorhandenen Prozesse beziehen (Systemintegration). Eine Verletzung des Prozessprotokolls kann zur Unterbrechung von Diensten führen. Wenn in Estland zentrale Dienste unterbrochen werden, würden rund 1600 Gesundheitsdienstleister betroffen sein.[18]

6.13.2 Fehlende Interoperabilität

E-Health-Infrastrukturen umfassen viele verschiedene Systeme und Anwendungen, die auf verschiedenen Skalen miteinander verbunden sind. Das heißt, ein medizinisches Gerät, das klinische Daten sammelt, kann mit demselben Netzwerk verknüpft werden, das ein Computer verwendet, um auf das Internet zuzugreifen. Eine zentrale Anforderung für eine wirksame und sichere Nutzung dieser Dienste ist es, ein hohes Maß an Interoperabilität zu gewährleisten und sicherzustellen, dass die Informationen sicher über die einzelnen Informationssysteme, die Einrichtungen des Gesundheitswesens, die Gesundheitsdienstleister und Anwendungen der Patienten übertragen werden und dass andererseits das Empfängersystem in der Lage ist, die erhaltenen Informationen zu nutzen. Z. B. muss das in EHR verwendete Vokabular, d. h. die Terminologien, die Klassifikationen, die Metadaten oder die Cloud-Dienste, unter verschiedenen Cloud-Dienstleistern, lokalen oder externen Clouds, auf allgemein angewandten Standards und einem vereinbarten Framework oder einigen offenen Standards basieren, z. B. auf

---

[18]ENISA (2015).

Protokollen/Schnittstellen (APIs) für den sicheren Informationsaustausch und die Integration von Dienstleistungen. Der Mangel an Interoperabilität kann sich auch auf die Sicherheitsupdates in einem E-Health-Dienstenetzwerk auswirken. So nutzten einige Gesundheitsdienstleister in Estland bis zum vergangenen Herbst immer noch Windows XP, obwohl sehr viele Softwarefirmen keine Updates für dieses Betriebssystem mehr produzieren. Dies war ein erhebliches Hindernis für alle notwendigen Sicherheitsmaßnahmen für die Stakeholder. Im aktuellen Bericht geben 25 % der Befragten an, dass in ihrer Organisation kein Interoperabilitätsrahmen vorhanden sei.[19]

6.13.3   Zugriffskontrolle und Authentifizierung

Eine aktuelle Studie von KPMG zeigt, dass zu den größten Schwachstellen in der Datensicherheit der Austausch von Daten zwischen Insidern und Dritten zählt. Dieses Ergebnis zeigen die Zugangskontrolle und Authentifizierung als wichtige Sicherheitsmerkmale in E-Health-Infrastrukturen. Die Authentifizierung ist die erste Stufe der Validierung der Benutzer. Dabei wird ihre Identität bestimmt, um sicherzustellen, dass sie autorisiert sind, auf das System zuzugreifen. Nach der Authentifizierung wird die Informationsebene, die sie für organisatorische Zwecke anzeigen oder freigeben dürfen, durch eine Zugriffsschutzrichtlinie definiert. Die Zugangskontrolle ist eine der Hauptgarantien für die Gewährleistung von Datenschutz und Integrität. Ein zentrales System (z. B. ein Gesundheitsinformationssystem) mit begrenzter externer Verbindung hat einen bestimmten Umfang, der geschützt werden muss. In einem solchen Fall ist die interne Benutzerzugriffssteuerung eine höhere Herausforderung als die externe Zugriffssteuerung. Andererseits muss ein verteiltes EHR (Electronic Health Record) einen unberechtigten Zugriff auf Daten über das Netzwerk verhindern. Abgesehen von der Durchsetzung von Authentifizierung und Zugriffskontrolle ist die Notwendigkeit, gleichzeitig ein benutzerfreundliches System beizubehalten, von großer Bedeutung, da es hilft, Fehler zu vermeiden, die durch den Benutzer eingeführt werden. Darüber hinaus ist es im Hinblick auf die Verhinderung einer unangemessenen oder illegalen Offenlegung von entscheidender Bedeutung, dass die Anbieter von Gesundheitsdaten sicher sind, dass Parteien, die Daten konsumieren, wiederum Zugriffsbeschränkungen erhalten, die den Zwecken entsprechen, unter denen diese Daten bereitgestellt wurden. Daher ist die Definition und Durchsetzung von Zugangsregeln für Gesundheitsdaten und -dienste in klinischen Arbeitsabläufen Voraussetzung für jede kooperative Patientenbehandlung.[20]

---

[19]ENISA (2015).
[20]ENISA (2015).

6.13.4 Datenintegrität

Eine der häufigsten Herausforderungen für die Sicherheit im Internet ist die Sicherstellung der Qualität und Integrität der Daten, die gespeichert und für klinische und administrative Zwecke ausgetauscht werden. Beispiele umfassen klinische Labor-Testergebnisse, Patienten-Demografie, Informationen zu Medikamenten, Radiologie-Berichte und -Bilder, Pathologie-Berichte, Krankenhaus-Eintritts-, Entlade- und Transferdaten usw. Die Datenintegrität ist entscheidend, da sich Fehler in persönlichen oder klinischen Daten auf die medizinische Behandlung, Versicherung oder Beschäftigungsfähigkeit auswirken können. Diese Fehler hängen oft mit einer falschen Eintragung durch das Personal, einer fehlerhaften Umwandlung von einem papierbasierten Archivierungssystem zu elektronischen Gesundheitsdatensätzen und einer unzureichenden Verwendung von standardbasierten Informationsaustauschprotokollen des Gesundheitswesens zusammen.[21]

6.13.5 Netzwerksicherheit

Eine grundsätzliche Herausforderung bei der Sicherung von E-Health-Infrastrukturen ist die Netzsicherheit. Diese ist in hohem Maße mit vielen Sicherheitsvorfällen verbunden. Netzwerksicherheit wird zum Problem, wenn die Sicherheit anderer entscheidender Ressourcen von der Sicherheit des Netzwerks abhängt. Sie hat eine sehr hohe Priorität, wenn das E-Health-System netzbasiert ist. Berichte[22] zeigen, dass eine der größten Schwachstellen eines E-Health-Netzwerks mit 27 % die unzureichenden Firewalls sind. Eine der größten Bedrohungen stellen mit 65 % externe Angreifer dar: 81 % der befragten Führungskräfte geben an, dass ihre Organisation Angriffe von mindestens einer Malware, einem Botnet oder einen anderen Cyber-Angriff in den letzten zwei Jahre erlebt haben, und nur die Hälfte hat das Gefühl, dass sie ausreichend vorbereitet sind, um Angriffe zu verhindern.[23]

6.13.6 Sicherheitsexpertise und -bewusstsein

Ein weiterer kritischer Parameter für die Erreichung und Aufrechterhaltung eines hohen Sicherheitsniveaus in E-Health-Systemen und -Netzwerken ist die Sicherheitsexpertise. Die Sicherheitspraktiken des Personals werden als potenzielle Probleme betrachtet und scheinen eine große Herausforderung zu sein, da in einigen Ländern der Faktor Mensch

---

[21]ENISA (2015).
[22]ENISA (2015).
[23]ENISA (2015).

als die wichtigste Ursache für Sicherheitsvorfälle angesehen wird. So ist es von großer Bedeutung sicherzustellen, dass die Sicherheitsarchitektur und alle entsprechenden Verfahren und Maßnahmen, die zu beachten sind, von allen relevanten Stakeholdern in einer Organisation gut konzipiert, verstanden und angewandt werden. Entscheidend für die Sensibilisierung ist eine angemessene und ausreichende Organisationsstruktur und insbesondere die Rolle eines Sicherheitsbeauftragten. Heutzutage haben 20 % der Gesundheitsdienstleister keine Führungskraft, die für die IT-Sicherheit zuständig ist, und in einigen Ländern ist ein Sicherheitsbeauftragter nur für den öffentlichen Sektor gesetzlich vorgeschrieben.[24] Daher werden gegen die Sicherheitspraktiken des privaten Sektors viele Bedenken geäußert, da das Fehlen dieses Vermögenswerts zu Missbrauch von Sicherheitsstandards und einer Kluft zwischen Sicherheitspolitik und Arbeitspraktiken führen kann. Schließlich ist eine weitere wichtige Sorge hinsichtlich des Mangels an Sicherheits-Know-how, dass 23 % der Organisationen nicht über ein Sicherheits-Operations-Center verfügen um Bedrohungen zu bewerten.[25]

6.13.7 Datenverlust

Die Digitalisierung von Informationen und das hohe Niveau der E-Health-Services-Penetration im Gesundheitswesen bedeuten, dass eine erhebliche Menge an lebenswichtigen, persönlichen und vertraulichen Daten in digitalen Formaten gespeichert wird. Diese Daten müssen vor Datenverlust geschützt werden.

Häufige Ursache für Datenverlust ist unberechtigter Zugriff auf klinische Patientendaten von IT-Anbietern. Eine europäische Krankenhaus-Befragung zum Benchmarking des Einsatzes von E-Health-Diensten zeigte, dass nur 73 % der Krankenhäuser eine Archivierungsstrategie für die langfristige Speicherung zwecks Disaster Recovery haben.[26]

6.13.8 Standardisierung, Compliance und Vertrauen

Eines der Hauptanliegen zur Gewährleistung der Sicherheit in E-Health-Infrastrukturen ist die ordnungsgemäße Beharrlichkeit, ein Interoperabilitäts-Framework zu schaffen, zu erhalten und durchzusetzen, sodass integrierte Systeme zur Kostensenkung bei E-Health beitragen. Einige Experten äußerten Bedenken hinsichtlich der angewandten Sicherheitspolitik von den Drittanbietern. In einigen Ländern wie Estland sind Anbieter aus dem privaten Sektor nicht verpflichtet, einen bestimmten und detaillierten Sicherheitsstandard einzuhalten.

---

[24]ENISA (2015).

[25]ENISA (2015).

[26]ENISA (2015).

Darüber hinaus finden E-Health-Fachleute in Estland, dass die im Datenschutzgesetz festgelegten Anforderungen abstrakt sind, was in der Praxis zu Problemen führt.[27]

6.13.9 Grenzüberschreitende Ereignisse

Die grenzüberschreitenden E-Health-Dienste spielen insbesondere im europäischen Rahmen der freien Mobilität für Bürgerinnen und Bürger in der gesamten EU eine wichtige Rolle, da sie zu den wichtigsten Instrumente gehören, um die gesundheitspolitischen
Ziele, die die Sicherheit der Notfallversorgung und die Kontinuität der Nichtdiskrimi-
nierung gewährleisten, überall zu erreichen. Die Herausforderungen, die angegangen
werden müssen, um die Übertragbarkeit von Daten in die grenzüberschreitende Gesundheitsversorgung zu erleichtern, betreffen vor allem den Aufbau eines gemeinsamen Inter-
operabilitäts-, Zugangskontroll- und Authentifizierungsrahmens. Z. B. wird der estnische
Ausweis nur für Bürger und Einwohner Estlands ausgestellt. Die Mobil-ID erfordert die
Aktivierung mit einem estnischen Ausweis. Daher ist die Mobil-ID auch nur für estnische Einwohner verfügbar und es gibt keine Unterstützung für qualifizierte Zertifikate
anderer Länder. Die Europäische Kommission hat umfangreiche personelle und finanzielle Mittel eingesetzt, um grenzüberschreitende Zwischenfälle zu verhindern. Der
umfangreiche Einsatz von Integrationsprofilen stellt eine effektive Protokollierung des
Informationsaustausches dar, die den Fall grenzüberschreitender Vorfälle minimiert.[28]

6.13.10 Vorfallmanagement

Vorfall- oder Incidents-Management ist eine große Herausforderung für die E-Health-
Sicherheit. Obwohl 75 % der Befragten einer Studie[29] Sicherheitsrichtlinien in ihren
E-Health-Systemen oder Infrastrukturen implementieren, gibt es Zwischenfälle, die nicht
erwartet oder vermieden werden können. Sicherheitsvorfälle umfassen menschliche Fehler, natürliche Phänomene, bösartig Aktionen (DDoS-Angriff, MITM-Angriffe, etc.) und
Systemfehler (einschließlich Ausfall von Drittanbietern, d. h. Hardware-Fehlern). Systemfehler und menschliche Fehler sind für die Mehrheit der gemeldeten Vorfälle verantwortlich. Bewusste menschliche Eingriffe, um den Workflow zu stören (d. h. böswillige
Handlungen) tragen ebenfalls erheblich dazu bei und gefährden die Sicherheit, während
die Auswirkungen der natürlichen Phänomene nur einen kleinen Teil der berichteten
Sicherheitsvorfälle ausmachen.

---

[27]ENISA (2015).
[28]ENISA (2015).
[29]ENISA (2015).

Es ist zu beachten, dass sich der menschliche Faktor auch auf böswillige Handlungen auswirkt, wenn z. B. Fahrlässigkeiten oder Versäumnisse zu Systemineffizienzen führen und so die Infrastrukturen anfällig machen können. Menschliche Fehler umfassen auch falsche Sicherheitspraktiken des Personals, die zu Sicherheitsvorfällen führen können, sodass abgesehen von der Umsetzung von Cyber-Sicherheitsmaßnahmen die Sensibilisierung und Ausbildung der Mitarbeiter sehr wichtig für den Aufbau eines sicheren Systems ist. Daher müssen E-Health-Organisationen die rechtzeitige Identifizierung von Vorfällen sowie Wiederherstellung und Rekonstruktion von Systemen und Diensten in einer vertrauenswürdigen Weise anbieten. Es ist notwendig, ein E-Health-spezifisches Vorfallsberichtswesen für die Klassifizierung und einen Alarmierungsmechanismus im europäischen Raum zu entwickeln. International bewährte Praktiken könnten in dieser Richtung konsultiert werden.[30]

6.13.11 Physikalische und umweltbezogene Sicherheit

Die zweite oberste Sicherheitsanforderung bei E-Health ist die physische und umweltbezogene Sicherheit, die in der Regel in den Gesetzen zum Schutz der nationalen Infrastrukturen in jedem Land enthalten ist. Dies ist ein sehr breites Thema, das sich entweder auf den Schutz vor physischen Katastrophen oder auf die Mechanismen beziehen kann, die die Infrastruktur vor Eindringlingen schützen und den Zugang zu Sperrgebieten kontrollieren, wo Externe Zugang zu spezifischen Informationen erhalten können. Ein Grundprinzip für den physischen Schutz von Daten besteht darin, sicherzustellen, dass sich Dateiserver in sicheren Bereichen befinden, die vor unberechtigten Zugriffen und umweltbedingten Bedrohungen wie Feuer, Überschwemmung, Stromverlust usw. geschützt sind. Außerdem können alle Geräte, die zum Speichern oder Verarbeiten von kritischen Daten verwendet werden, videoüberwacht und alle Bewegungen verfolgt werden, um sicherzustellen, dass jeder Diebstahl oder Verlust rechtzeitig erkannt wird. Im E-Health-Sektor können die physikalischen Sicherheitstechnologien, die zur Kontrolle des Zugangs in Sperrgebieten und zur Nutzung von IT-Systemen und zur Kommunikation über IP-Netze verwendet werden, in drei Arten unterteilt werden:[31]

- Automatische Zugangskontrollsysteme (AACS)
- Closed Circuit Television (CCTV)
- Intrusion Detection Systems (IDS)

---

[30]ENISA (2015).
[31]ENISA (2015).

6.13.12 Durchführung einer Geschäftsprozess- und Schwachstellenanalyse

Ergänzend zur Geschäftsprozess- und Schwachstellenanalyse sind die Verfahrensabläufe sowie die Datenobjekte bezüglich des Datenschutzes und der Datensicherheit zu analysieren und notwendige Maßnahmen zu deren Sicherung festzulegen. Hierzu sind folgende Teilschritte notwendig:

- Schutzbedarfsanalyse (fachlich und technisch)
- Bedrohungsanalyse
- Risikoanalyse
- Sicherheitsmaßnahmen

Nähere Ausführungen hierzu sind den Empfehlungen des BSI zu entnehmen[32].

6.13.13 Behandlung von Online- und in-App-Daten

Zur Übermittlung von eingegebenen medizinischen Daten in einer App ist vor Beginn der Eingabe eine verschlüsselte Verbindung zwischen dem Eingabegerät und dem Server des Nutzers aufzubauen. Für Daten mit einem normalen Schutzbedarf ist eine alleinige SSL-Verschlüsselung nicht ausreichend. Personenbezogene Informationen sollten auch innerhalb des SSL-Tunnels verschlüsselt werden, um bei einer Zertifikatsfälschung in einem Man-in-the-Middle-Szenario keine Informationen an den Angreifer preisgeben zu können.

Es sind zumindest Schutzmaßnahmen zu ergreifen, die dem jeweils aktuellen Stand der Technik entsprechen und deren kryptografische Verfahren eine angemessene Sicherheit bieten. Der Nutzer einer App hat einen Nachweis darüber zu erbringen, dass die Daten durch ihn übermittelt wurden (Authentifizierung, Nichtabstreitbarkeit), wann sie in seinen Zugangsbereich gelangt und dass sie dort nicht verändert worden sind (Integrität). Die empfangenen Daten lassen sich unterteilen in Nutzdaten und Metadaten: Nutzdaten sind die von den Versicherten während des Online-Prozesses eingegebenen Angaben. Sie sind – zusammen mit der entsprechenden Frage/Bezeichnung des Eingabefeldes – zu speichern (die Speicherung der Frage als Kurzform oder Schlagwort ist möglich).

---

[32]https://www.bsi.bund.de/SharedDocs/Downloads/DE/BSI/Publikationen/TechnischeRichtlinien/TR03138/TR-03138-Anlage-A.pdf?__blob=publicationFile.

Metadaten sind systemseitig erzeugte Zusatzdaten, anhand derer der App-Nutzer belegen kann, dass die Nutzdaten durch ihn erzeugt wurden. Hierzu gehören insbesondere

- Eindeutiges Identifizierungsmerkmal der versicherten Person (ggf. auch Benutzername)
- Eingabeweg (Benutzer-Konto oder „Einmal-Kennwort-Verfahren")
- Systemzeit der Übermittlung der Daten (Datum, Uhrzeit)

Sowohl die im Online-Prozess erhobenen Nutzdaten als auch die Metadaten sind in einer Datei zu speichern. Diese Datei muss bei späteren Prüfungen (z. B. RSA-Prüfung[33]) maschinell ausgewertet werden können. Hierzu ist es erforderlich, dass die Speicherung in einem zukunftssicheren Datenformat erfolgt. Das BSI empfiehlt hierzu u. a. das XML- oder csv-Format.[34] Aber auch eine Speicherung als Textdatei (mit einheitlichen Trennzeichen) wäre für die Prüfdienste auswertbar. Der Satzaufbau ist einheitlich zu gestalten. Fragen, die der Versicherte nicht beantworten muss, sind trotzdem aufzuführen und das Ergebnisfeld mit „blank" zu versehen. Neben dieser Datei sollte der Nutzer aus den generierten Antworten ein PDF-Dokument erstellen, welches sich der Versicherte anzeigen lassen und herunterladen kann. Auch dieses muss die Nutz- und die Metadaten enthalten.

6.14 Zusammenfassung

Um den Gesichtspunkten und Anforderungen der IT-Sicherheit im Bereich E-Health standhalten zu können, müssen verschiedene Sicherheitsvorkehrungen getroffen werden.[35] Bei Nichtbeachtung der in diesem Kapitel genannten Anforderungen können vertrauliche und schützenswerte medizinische Daten verloren oder an unbeteiligte Dritte gehen oder gar durch eine Fehlfunktion Leib und Leben des Nutzers gefährden, was zusätzlich einen erheblichen dauerhaften Imageschaden für Anbieter einer E-Health-Anwendung zur Folge haben kann. Aus diesem Grund ist ein Risiko- und Vorfallmanagement unerlässlich um die Qualität der E-Health-Anwendung zu sichern.

---

[33]RSA = Asymmetrisches kryptografisches Verfahren, welches zum verschlüsseln und digitalem Signieren verwendet werden kann.
[34]http://www.bundesversicherungsamt.de/fileadmin/redaktion/PDK/2016-04-22_Leitfaden_Version4.1.pdf.
[35]BVersA (2014).

Ein sehr hohes Sicherheitsbewusstsein und die Übernahme der Verantwortung, die mit dem Umgang medizinischer Daten einhergeht, ist daher die essenzielle Grundvoraussetzung. Dies kann und muss durch geeignete Maßnahmenpläne und Umsetzungen der Sicherheitsanforderungen, aber auch durch Schulungen der Mitarbeiter erreicht werden und soll so potenzielle Gefahren im Entstehungsprozess einer E-Health-Applikation minimieren.

Im Rahmen der Übermittlung personenbezogener medizinischer Daten ist als besondere Einzelmaßnahme eine Authentizitätsprüfung durch eine 2-Faktor-Authentifizierung notwendig. Bei jeder einzelnen Übermittlung von personenbezogenen medizinischen Daten muss daher die Authentizität des Empfängers überprüft werden. Neben der 2-Faktor-Authentifizierung ist aus technischer Sicht noch eine Authentizitätsprüfung zwischen E-Health-Anwendung (Client) und dem Zielserver zu überprüfen, um Man-in-the-Middle-Angriffe abzuwehren. Hierzu soll bei der Zertifikatsprüfung SSL-Pinning mit einbezogen werden. Da die Server, mit denen die Anwendung kommuniziert, physikalisch oder logisch dem E-Health-Anbieter gehören sollten, sind weitere technische und organisatorische Maßnahmen ebenfalls unerlässlich.

Die Integrität der medizinischen Daten an sich darf zudem während der Übermittlung nicht verändert werden, aus diesem Grund ist eine Prüfsumme in Form einer HMAC (Hashed Message Authentification Code) notwendig. Das System würde dank der HMAC ihre eigene Integrität erkennen und es so potenziellen Angreifern deutlich erschweren, die Integrität der Daten zu verletzen, z. B. durch Verfälschen der Medikationen.

Sollten die genannten Punkte nach heutigem Stand erfüllt sein, kann dies als Grundlage einer sicheren Implementierung einer E-Health/E-Health-IOT dienen. Zukünftig können bei sich weiter entwickelndem „Stand der Technik" zusätzliche Sicherungsmaßnahmen hinzukommen.

Literatur

IEEE (2015): Smartphone Security Awareness: Time to act, Abgerufen am 01.01.2015: http://ieee-explore.ieee.org/xpl/articleDetails.jsp?tp=&arnumber=6749496&queryText%3Dsmartphone+security. Zitieren als IEEE 2015.

Bitkom und BMJV Pressekonferenz (2016): „Am Puls der Zeit? – Wearables und Gesundheits-Apps": Fast ein Drittel nutzt Fitness-Tracker, zuletzt besucht: 27.01.2017, https://www.bitkom.org/Presse/Presseinformation/Gemeinsame-Presseinfo-von-Bitkom-und-BMJV-Fast-ein-Drittel-nutzt-Fitness-Tracker.html Zitieren als: Bitkom 2016.

Der Bayerische Landesbeauftragte für den Datenschutz (BayLfD) (2016): Wearables und Gesundheits-Apps – Sensible Gesundheitsdaten effektiv schützen!, zuletzt besucht: 08.05.2017, https://www.datenschutz-bayern.de/dsbk-ent/DSK_91-wearables.pdf. Zitieren als: BayLfD 2016.

ePrivacy (Hrsg.) (2015): Datensicherheit und Datenschutz von Medical Apps, Hamburg. Zitieren als: ePrivacy 2015.

Tri, Jeffrey L. et al. (2007): Use of cellular telephones in the hospital environment, erschienen in Mayo Clinic Proceedings Vol. 82, Issue 3 Seite 282–285. Zitieren als: Tri 2007.

Johner Institut für IT im Gesundheitswesen: IT-Security. (2016): Aufgerufen am 27. Februar 2017: https://www.johner-institut.de/blog/tag/it-security/ Zitieren als: Johner IT-Security 2016.

Bundesamt für Sicherheit in der Informationstechnik (2016): IT-Grundschutz-Kataloge, zuletzt besucht: 08.05.2017, https://www.bsi.bund.de/DE/Themen/ITGrundschutz/ITGrundschutzKataloge/itgrundschutzkataloge_node.html. Zitieren als: BSI Grundschutz 2016.

Arbeitskreise Gesundheit und Soziales sowie Technische und organisatorische Datenschutzfragen der Konferenz der Datenschutzbeauftragten des Bundes und der Länder (2014): Orientierungshilfe Krankenhausinformationssysteme. Zitieren als: DfBL 2014.

Johner Institut für IT im Gesundheitswesen: Klinische Informationssysteme. (2016): Aufgerufen am 27. Februar: https://www.johner-institut.de/blog/tag/informationssysteme/ Zitieren als: Johner Informationssysteme 2016.

Huber, Andreas (2014): Evil-Twin-Accesspoint erschienen in Network Architectures and Services, August 2014. Zitieren als Huber 2014.

Johner, Christian (2016): Cybersecurity in Medical Devices: FDA Guidance Dokumente: Aufgerufen am 27. Februar 2017: https://www.johner-institut.de/blog/fda/fda-guidance-zur-cybersecurity Zitieren als: Johner 2016.

Bundesamt für Sicherheit in der Informationstechnik (2009): Gesetz über das Bundesamt für Sicherheit in der Informationstechnik (BSI-Gesetz – BSIG), zuletzt besucht: 08.05.2017, https://www.bsi.bund.de/DE/DasBSI/Gesetz/gesetz_node.html. Zitieren als: BSI-Gesetz 2009.

European Union Agency For Network And Information Security (Hrsg.) (2015): Security and Resilience in eHealth. Security Challenges and Risks, Heraklion. Aufgerufen am 7. Februar 2017: https://www.enisa.europa.eu/publications/security-and-resilience-in-ehealth-infrastructures-and-services. Zitieren als: ENISA 2015.

Bundesversicherungsamt ADV-Arbeitsgemeinschaft Geschäftsstelle im Ministerium für Gesundheit, Emanzipation, Pflege und Alter des Landes Nordrhein-Westfalen (2014): Leitfaden Elektronische Kommunikation und Langzeitspeicherung elektronischer Daten Zitieren als: BVersA 2014.

Teil III

Empirische Studien zu Datensicherheit und Datenschutz bei E-Health

Studie: mHealth – Datenschutz und Datensicherheit

7

Christoph Bauer

7.1 Fokus auf E-Health

Die Digitalisierung im Bereich der Gesundheit hat nicht mit der Einführung der elektronischen Gesundheitskarte angehalten. Denn neben dem öffentlichen rechtlichen Umgang mit unserer Gesundheit hat sich ein breiter und privater Weg aufgetan: mobile Applikationen, die im Bereich der Medizin angewendet werden.

Von den sogenannten Medical- oder Medizin-Apps ist im Rahmen der ePrivacy-Studien dann auszugehen, wenn diese Anwendungen Heilberufsgruppen im Berufsalltag assistieren oder Patienten beim Umgang mit ihrer Krankheit unterstützen.[1]

Medical Apps verarbeiten in der Regel nicht nur personenbezogene, sondern auch medizinisch relevante Daten, die zu den sensibelsten Daten des Einzelnen gehören. Aus diesem Grund sollte im Bereich der Medical Apps ein besonders hohes Datenschutz- und Datensicherheitsniveau herrschen.[2] Medical Apps sind in den App-Stores (Google Play und Apple iTunes) unter der Kategorie Medizin zu finden.

Diese Anwendungen können unter anderem medizinische Werte für den Nutzer darstellen, speichern oder auswerten. Auch die Erinnerung an Medizineinnahmen und persönliche Behandlungshinweise gehören zu dem Nutzungsspektrum der Medical Apps. Im Bereich Gesundheit sind schon über 380.000 Apps mit stetig steigender Tendenz vorzufinden.[3] Die Bereitwilligkeit der Nutzung dieser Apps steigt mindestens ebenso rasant. So hatte eine Studie im Auftrag der Stiftung Münch[4] zum Ergebnis, dass die Mehrheit der Bevölkerung das Sammeln und Auswerten von medizinischen Daten bei einem erkennbaren Nutzen wünscht.

---

[1]Kramer und Lucht (2015), S. 6.

[2]Kramer und Lucht (2015), S. 37.

[3]Kramer und Lucht (2015), S. 6.

[4]Stiftung Münch (2015).

© Springer Fachmedien Wiesbaden GmbH 2018
C. Bauer et al., *E-Health: Datenschutz und Datensicherheit*,
https://doi.org/10.1007/978-3-658-15091-4_7

Das Internet gilt bereits heute als erste Anlaufstelle bei Gesundheitsfragen. 52 % haben schon Krankheitssymptome im Internet gegoogelt – unter den 18- bis 45-Jährigen waren es sogar 70 %. Gesundheitsbezogene Apps werden bereits von 27 % der Menschen genutzt, auch hier dominiert die jüngere Generation. 76 % der Befragten befürchten einen leichten Missbrauch von ihren medizinischen Daten durch Unbeteiligte. Dennoch haben 71 % keine Sorgen gegenüber der Speicherung dieser Daten, wenn sie genau wissen, welche Daten gespeichert werden.

In der Studie wurde auch ein großer Ärger gegenüber Unternehmen über das unkontrollierte Sammeln von Daten festgestellt. Denn dem Großteil der befragten Personen ist es wichtig, selbst zu bestimmen, wem sie welche Daten anvertrauen. Dies machen sie wiederum von einem persönlichen Nutzen abhängig.

Somit ist festzuhalten, dass zum Bewusstsein für die Wichtigkeit der Gesundheit das Bewusstsein für die Bedeutung des Datenschutzes hinzugekommen ist. Diese beiden Bedürfnisse müssen für eine moderne Gesellschaft in Einklang gebracht werden, weshalb die ePrivacy-Studie ihren Fokus auf mHealth legt.

7.2   Studienverlauf

Im Folgenden werden die Vorgehensweise des Prüfsystems „ePrivacyApp", der Kriterienkatalog, der Ablauf der Untersuchung und die nachstehenden Ergebnisse der Studie erläutert.

Zur Verbesserung des Datenschutzes und der Datensicherheit von Apps hat ePrivacy das Prüfsystem „ePrivacyApp" entwickelt.[5] ePrivacyApp besteht aus einem veröffentlichten Kriterienkatalog[6], welcher auf Basis des deutschen Datenschutzrechtes entwickelt wurde und mit Datenschutzbehörden abgestimmt ist. Ebenso gehört zu ePrivacyApp eine selbstentwickelte Prüfsoftware, die zur Ermittlung wesentlicher Datenschutz- und Datensicherheitsmängel konzipiert worden ist.

Im Zeitraum August bis November 2015 hat ePrivacy rund 140 ausgewählte Medical Apps basierend auf den Betriebssystemen[7] iOS (47 %) und Android (53 %) mit der erwähnten Prüfungssoftware getestet. Hierbei wurden die jeweils am höchsten gerankten Apps innerhalb der Stores ausgewählt.

Im Rahmen der vorliegenden Studie wurden die Verfügbarkeit der Datenschutzerklärung vor und nach dem Log-in der App, das Vorhandensein einer SSL-Verschlüsselung, andere Sicherungsmaßnahmen wie bspw. Verhashung der Datenwerte und das mögliche Abfangen und Manipulieren von ein- und ausgehenden Daten analysiert. Auch der

---

[5]ePrivacyApp.
[6]ePrivacyApp-Kriterien (2016).
[7]Kantar (2015).

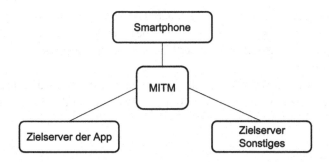

Abb. 7.1 Veranschaulichung eines Man-in-the-Middle-Angriffs

Schutz der Daten vor einem möglichen Man-In-The-Middle-Angriff und der Einsatz von Social Engineering wurden geprüft.

Die Prüfungen wurden vom ePrivacy-Team bestehend aus technischen und juristischen Experten, IT-Sicherheitsexperten und hoch qualifizierten Auditoren im eigens eingerichteten Prüflabor durchgeführt.

Prüfung der SSL-Verschlüsselung

Das Secure Socket Layer (SSL) ist ein hybrides Verschlüsselungsprotokoll zwischen Client und Server, welches einen sicheren Datenaustausch ermöglichen soll. Durch ein Zertifikat authentisiert sich der Server gegenüber dem Client, welcher so die Vertrauenswürdigkeit des Servers überprüfen kann. Zu erkennen ist solch eine Verbindung durch das Kommunikationsprotokoll „HTTPS".

Der Man-in-the-Middle-Angriff

Bei einem Man-in-the-Middle-Angriff schaltet sich ein Angreifer zwischen den Datenverkehr der App und des Zielservers, um so Einblick und Manipulationsmöglichkeiten zu erhalten (siehe Abb. 7.1). ePrivacy beschreibt den Vorgang[8] folgendermaßen:

1. Vorbereitung eines gefälschten SSL Zertifikats durch ePrivacy.
2. Das Smartphone muss sich im selben WLAN wie der potenzielle Angreifer (in diesem Fall ePrivacy) befinden. Die Verschlüsselung des WLANs (offen, WEP, WPA, WPA2) spielt hierbei keine Rolle.
3. Der Angreifer bzw. „Man-in-the-Middle" leitet den Datenverkehr auf den eigenen Zielrechner um und gibt vor, der jeweils andere Netzwerkkommunikationspartner zu sein.

---

[8]ePrivacy (2015), S. 8.

4. Der User der App surft mit seinem Smartphone-Browser auf einer Homepage mit einer gesicherten Verbindung (z. B. google.de), erhält eine Zertifikatswarnung und fügt das gefälschte Zertifikat als vertrauenswürdiges Zertifikat hinzu, da er dem Anbieter vertraut.

5. Öffnet der Nutzer nun die zu testende App, ist zu erwarten, dass das ausgestellte Zertifikat als falsch anerkannt wird, die App eine Warnung an den Nutzer ausspielt und blockiert.

Social Engineering

Unter Social Engineering versteht man die Täuschung oder Beeinflussung von Menschen, um so an vertrauliche Daten zu gelangen. Die Auditoren legten bei der zu prüfenden App einen Account unter Angabe einer E-Mail-Adresse an. Danach erstellten sie eine zweite, der ersten ähnelnde E-Mail-Adresse. Mit dieser fragten sie dann nach den Log-in-Daten der ersten E-Mail-Adresse. Die Identität des ersten Users wurde somit durch den zweiten User vorgetäuscht.

Datenschutzerklärung

Die Datenschutzerklärung einer App sollte bereits vor einem möglichen Log-in verfügbar und mit höchstens zwei Klicks erreichbar sein. Die Datenschutzerklärung einer Medical App sollte über die Verwendung der Gesundheitsdaten informieren und für den Nutzer die Möglichkeit bereithalten, seinen Account jederzeit zu löschen. Der Datenschutzerklärung kommt eine zentrale Bedeutung für das Vertrauen der Nutzer zu, da diese die Transparenz schafft.

7.3   Ergebnisse der Studie

Die Ergebnisse der Studie zeigten deutliche Sicherheitsmängel bei Medical Apps. So konnten bei 80 % aller Apps die Log-in-Daten durch einen Man-in-the-Middle-Angriff oder durch das Fehlen einer SSL-Verschlüsselung abgefangen werden (siehe Abb. 7.2 und 7.3).[9]

Bei 75 % alle Apps konnte die Request- und Responsedaten z. B. bei Blutzuckerwerten verfälscht werden, wie Abb. 7.4 zeigt.

7 % der Anbieter gaben die Daten Dritter ohne ausreichende Identifizierung weiter.

57 % aller Medical Apps bieten keine durch die App abrufbare Datenschutzerklärung an. Auch klärten nur 41 % der existierenden Datenschutzerklärungen über die Verwendung der Gesundheitsdaten auf. Aufgeteilt in Android- und iOS-Apps besitzen sogar

---

[9]ePrivacy (2015), S. 9.

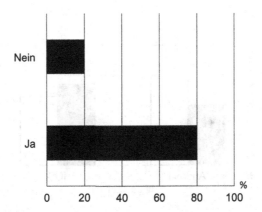

Abb. 7.2 Apps mit abgefangenen Log-in-Daten

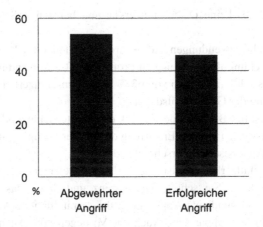

Abb. 7.3 Ergebnisse des Man-in-the-Middle-Angriffs

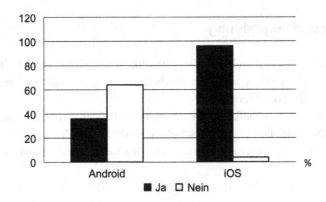

Abb. 7.4 Möglichkeit der Manipulation des Datenverkehrs

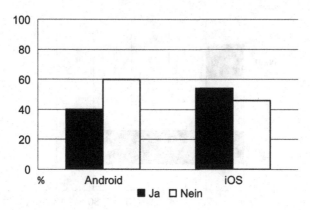

Abb. 7.5 Verfügbarkeit der Datenschutzerklärung

65 % der Android-Apps keine Datenschutzerklärung, bei den iOS-Apps sind es 47 % (siehe Abb. 7.5).

43 % der mHealth-Anwendungen auf Android-Geräten enthalten den Nutzern die Möglichkeit zur Löschung ihres angelegten Profils vor. Bei Anwendungen auf Basis des iOS-Betriebssystems fehlte innerhalb von 63 % der Datenschutzerklärungen die Aufklärung über die Nutzung der Gesundheitsdaten.

Dieses Ergebnis ist mit Blick auf den Zweck einer Datenschutzerklärung, die Sensibilität von Gesundheitswerten und die Erwartung der Nutzer bezüglich der Datensicherheit von E-Health-Produkten besonders erschreckend.

Denn die Datenschutzerklärung ist das Verbindungselement eines Nutzers mit der angebotenen Anwendung. Sie schafft Transparenz und damit das Vertrauen auf die sichere Nutzung von Gesundheits-Apps. Sie sollte somit für jede Anwendung schnell, leicht und vollständig erreichbar sein. Auch das Vorliegen von Datenschutzerklärungen ohne Informationen zur Verwendung der Daten sollte unbedingt vermieden werden.

7.4   Fazit und Empfehlung

Die Fokussetzung auf Datensicherheit bei e-Health ist wichtig und absolut notwendig.[10] Die Nutzer werden verstärkt nur noch Produkte verwenden, welche ihnen die nötige Transparenz und Sicherheit vermitteln.

Die von ePrivacy durchgeführte Studie an 140 Medical Apps hat einen eklatanten Mangel bei Datensicherheit und Datenschutz aufgedeckt. Der Schutz von Gesundheitswerten ist noch nicht auf einem zufriedenstellenden Level angekommen. Diesem sollte

---

[10]BiM (2015).

das Hauptaugenmerk der Anbieter von Medical Apps gelten. Nur so kann die dauerhafte Attraktivität der Nutzung von E-Health-Anwendungen gewährleistet werden.

Dafür stehen den Anbietern viele Möglichkeiten zur Verfügung, wie unter anderem das Hinzuziehen von Firmen wie ePrivacy. Die rechtlichen und technischen Standards von Datenschutz und Datensicherheit müssen zur Vertrauensgewinnung möglicher Medical-App-Nutzer extern und unabhängig kontrolliert werden. Denn das Wachstum der mobilen Gesundheitsbranche läuft nur Hand in Hand mit kontrollierter Datensicherheit und Datenschutz.

Literatur

Bundesverband Internetmedizin (2015): VIELE MEDICAL APPS SIND UNSICHER – EPRI-VACY-STUDIE WEIST DEUTLICHE MÄNGEL BEI DATENSICHERHEIT UND DATEN-SCHUTZ NACH, Abgerufen am 03.03.2017: http://bundesverbandinternetmedizin.de/viele-medical-apps-sind-unsicher-eprivacy-studie-weist-deutliche-maengel-bei-datensicherheit-und-datenschutz-nach/. Zitieren als: BiM 2015.

ePrivacy: ePrivacyseal GmbH Kriterienkatalog „ePrivacyApp", Abgerufen am 27.03.2017: https://www.eprivacy.eu/fileadmin/Redakteur/PDF/Kriterienkataloge/ePrivacyApp_Kriterienkatalog_August2016.pdf. Zitieren als: ePrivacyApp Kriterien 2016.

ePrivacy (Hrsg.) (2015): Datensicherheit und Datenschutz von Medical Apps, Hamburg. Zitieren als: ePrivacy 2015, S.

Kantar Worldpanel (2015): Android Switchers Drive iOS Growth in Europe's Big Five, Abgerufen am 03.03.2017: https://www.kantarworldpanel.com/global/News/Android-Switchers-Drive-iOS-Growth-in-Europes-Big-Five-Countries. Zitieren als: Kantar 2015.

Kramer, Dr. Ursula / Lucht, Dr. Martin (2015): GESUNDHEITS- UND VERSORGUNGS-APPS (Teil 1); erschienen in Studienzentrum des Universitätsklinikums Freiburg (Hrsg.) (2015), Abgerufen am 14.12.2016: https://www.tk.de/centaurus/servlet/contentblob/724464/Datei/143238/Studie-Gesundheits-und-Versorgungs-Apps.pdf. Zitieren als: Kramer/Lucht (2015), S.

Stiftung Münch (2015): Medizinische Daten: Nutzen geht vor Datenschutz. Pressemitteilung vom 23. September 2015, München. Aufgerufen am 26.7.2016: http://www.stiftung-muench.org/medizinische-daten-nutzen-geht-vor-datenschutz/. Zitiert als: Stiftung Münch 2015.

Studie: Internet of Things – Datenschutz und Datensicherheit

8

Michael Eckard

Das Oxford Dictionary definiert den Begriff „Internet of Things" (IoT) wie folgt: „A proposed development of the Internet in which everyday objects have network connectivity, allowing them to send and receive data." Aus dieser Definition lässt sich schlussfolgern, dass ein IoT-Gerät jegliche Formen annehmen kann. So können beispielsweise Glühbirnen, Kühlschränke, Garagentore oder Waschmaschinen vernetzt werden und eigenständig Aufgaben erfüllen. Damit wird eine Vision verfolgt, in der alle Dinge mit Informationen versehen werden oder als Zugangspunkt für Internetservices dienen können. Der Fortschritt von Mikroelektronik, Kommunikationstechnik und Informationstechnologie treibt diese Vision an.

Unter Wettbewerbsdruck versuchen Hersteller so schnell und so früh wie möglich, den Verbrauchern neue Entwicklungen und Geräte präsentieren zu können. Dabei schenken Betreiber und Entwickler von IoT-Geräten der IT-Sicherheit in vielen Fällen zu wenig Aufmerksamkeit. Außerdem mangelt es häufig an geeigneten Standards und am notwendigen Know-how für eine Gewährleistung von optimaler Datensicherheit und hinreichendem Datenschutz. Die Hacker entwickeln stetig neue Methoden und Angriffsvektoren, sodass der Hersteller vor die große Herausforderung gestellt wird, dauerhaft Datenschutz und Datensicherheit zu garantieren.

Die Non-Profit-Organisation OWASP ermittelte 2014 die häufigsten Schwachstellen und Sicherheitsmängel von IoT-Geräten[1]:

- schlecht gesicherte Webanwendungen
- schwache Benutzer- und Geräteauthentifizierung
- ungesicherte Kommunikationskanäle
- unsichere Vorkonfigurationen
- Sicherheitslücken in der Hard- und Software.

---

[1]OWASP (2014).

© Springer Fachmedien Wiesbaden GmbH 2018
C. Bauer et al., *E-Health: Datenschutz und Datensicherheit,*
https://doi.org/10.1007/978-3-658-15091-4_8

Viele Studien belegen diese mangelhaften Zustände. So führten Symantec[2] und HP[3] bereits Analysen durch, die gravierende Sicherheitslücken offenlegten.

Dabei kann die Manipulation eines IoT-Gerätes fatale Folgen haben: Smart-TVs können zu „Spionen im Wohnzimmer"[4] werden, Heizungsanlagen schalten sich einfach ab[5], Autos werden wie von Geisterhand übernommen und von Dritten ferngesteuert[6] und eine Insulinpumpe wird zu einer Lebensbedrohung.[7] Die Berichte in den Medien zeigen, dass das Hacking von IoT-Geräten längst nicht mehr nur Teil einer fiktiven Zukunftsvision ist. Es ist ein reales Problem geworden und vielen Nutzern, ob Unternehmen oder Privatpersonen, fehlt häufig das Vertrauen in die digitalen Angebote. Hersteller können unter diesen Bedingungen langfristig nicht erfolgreich sein.

8.1   Das IoT Trust Framework

Anfang 2015 rief die „Online Trust Alliance" erstmals die Initiative „IoT Trustworthy Working Group" (ITWG) ins Leben. Ziel dieser Vereinigung sollte es sein, ein Framework für Anbieter zu entwickeln, das Empfehlungen im Bereich des Datenschutzes und der Datensicherheit für IoT-Geräte geben soll. Auf diese Weise soll das Vertrauen der Nutzer maximiert werden. Im Fokus dieses Frameworks stehen Geräte aus dem Smart-Home-, Health- und Fitness-Bereich.

Im August desselben Jahres wurde der Katalog mit den geforderten Standards veröffentlicht. Er beinhaltet 23 Richtlinien und 12 Empfehlungen, die als Ergänzung zu den rechtlichen Gesetzen wahrzunehmen sind. Sie bieten eine Grundlage für selbstregulierende Programme und Zertifizierungen. Die Richtlinien beinhalten beispielsweise Hinweise zur Bereitstellung der Datenschutzerklärung, zur Speicherung sensibler Daten oder zur Verwendung der SSL-Verschlüsselung.[8]

„Das Framework ist eine gute Grundlage, aber angesichts der Problematik nicht ausreichend. Um die Sicherheit und den Schutz der Daten wirklich gewährleisten zu können, fehlen aber allgemein anerkannte Regeln", meint Prof. Christoph Bauer, Geschäftsführer von ePrivacy.

---

[2]Symantec.

[3]HP (2014).

[4]ARD (2015).

[5]heise (2013).

[6]WIRED (2015).

[7]aerzteblatt (2016).

[8]OTA (2015).

8.2   Die IoT-Studie von ePrivacy

Die Beratungs- und Zertifizierungsfirma ePrivacy hat schon mehrere Studien im Bereich Datenschutz und Datensicherheit durchgeführt. Verschiedene Untersuchungen legten bereits große Sicherheitslücken offen. So analysierten die Auditoren von ePrivacy 2015 – wie im vorangegangenen Kapitel vorgestellt – die Datensicherheit und den Datenschutz von 140 verschiedenen Medical Apps.[9]

Mit einer weiteren Studie sollten der Datenschutz und die Datensicherheit vom „Internet of Things" betrachtet werden. Die Analyse wurde mithilfe von eigens entwickelter, modernster Technologie durchgeführt. Hoch qualifizierte Auditoren untersuchten 30 verschiedene Geräte der Betriebssysteme iOS (18 Geräte) und Android (12 Geräte) und führten umfassende Tests zum Thema Datenschutz und Datensicherheit durch. Hierfür wurde kein konkreter Kriterienkatalog verwendet, sondern es wurden einige wenige exploratorische Prüfungen durchgeführt, da noch keine allgemein gültigen oder zumindest breiter bekannten Kriterienkataloge existierten. Die Studie diente auch dazu, an einer Basis für die Entwicklung von Kriterienkatalogen mitzuwirken. Analysiert wurden Datenschutz und die Datensicherheit von Geräten aus den Bereichen Smart-Home, E-Health/Medical und Connected Car.

Im Folgenden soll erklärt werden, welche Prüfungen in dieser Studie vollzogen wurden. Die Analysen hinsichtlich Datenschutz und Datensicherheit orientierten sich an der europäischen und deutschen Rechtslage und entsprechen dem neuesten Stand der Informationstechnik. Im Rahmen dieser Studie wurden 30 IoT-Geräte im Zeitraum von Juni bis Juli 2016 getestet. Für die Studie wurde eine nicht allzu große Stichprobe gewählt, um die Daten schnell analysieren zu können.

In den Bereichen „Prüfung der SSL-Verschlüsselung", „Man-In-The-Middle-Schutz" und „Verfügbarkeit der Datenschutzerklärung und Kontaktdaten" wurden Prüfungen unternommen.

Unter Secure Socket Layer, kurz SSL, versteht man – wie im vorangegangenen Kapitel bereits erläutert – ein hybrides Verschlüsselungsprotokoll zwischen Client und Server, das einen sicheren Datenverkehr gewährleisten soll. Dies geschieht in Form eines Zertifikats, mit dem der Server sich dem Client gegenüber authentisiert. So kann der Client prüfen, ob der Server vertrauenswürdig ist. Eine SSL-Verschlüsselung ist häufig an dem Kommunikationsprotokoll „HTTPS" zu erkennen. ePrivacy schaltet sich bei einer Prüfung zwischen den Datenverkehr und untersucht, ob der Anbieter über eine sichere Verbindung mittels SSL kommuniziert.

Es wurde geprüft, ob die Geräte und deren Apps über einen Schutz vor einem Man-in-the-Middle-Angriff verfügen. Bei einem Man-in-the-Middle-Angriff schaltet sich ein Angreifer zwischen den Datenverkehr zweier Parteien und kann so die Kommunikation einsehen und gegebenenfalls auch manipulieren.

Des Weiteren versuchten die Auditoren von ePrivacy, die Request- und Responsedaten zu manipulieren. In einigen Fällen konnten auf diese Weise sensible Daten verfälscht werden.

---

[9]ePrivacy (2015).

Außerdem überprüften die Auditoren die Verfügbarkeit und Erreichbarkeit der Datenschutzerklärung. Diese sollte den Nutzer des IoT-Geräts über die verwendeten Daten informieren. Für den User ist die Datenschutzerklärung von großer Bedeutung, denn sie sorgt für Transparenz beim Datenschutz.

8.3   Ergebnisse zu Datenschutz und Datensicherheit

Die Ergebnisse der 30 IoT-Geräte bezüglich der Datensicherheit sind alarmierend. Z. B. kann keines der Geräte die Daten des Users vor einem MITM-Angriff schützen. Folgende Ergebnisse lieferte die Analyse zur **Datensicherheit:**

- Alle Geräte verfügen über eine SSL-Verschlüsselung
- Weder die iOS-, noch die Android-Geräte können jedoch die Daten der Nutzer vor einem MITM-Angriff schützen
- Bei 90 % aller Geräte konnten die Request- und Response-Daten manipuliert werden (siehe Abb. 8.1)
- Alle Geräte der Betriebssysteme iOS und Android ließen eine Kontrolle der Anwendung durch einen Angreifer zu (Device-Hijacking)
- Nur 10 % aller Geräte verfügen über HMAC (Hashed Message Authentification Code; siehe Abb. 8.2)

Im Bereich des **Datenschutzes** sind die Ergebnisse durchweg positiv. Alle Geräte verfügen über eine Datenschutzerklärung und die Kontaktdaten des Anbieters. Es wurden allerdings im Rahmen dieser Kurztests nicht die Inhalte der Datenschutzerklärungen geprüft.

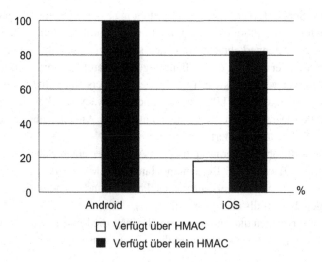

Abb. 8.1 Manipulation der Request- und Response-Daten aller IoT-Geräte

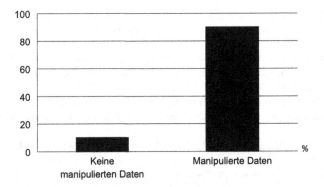

Abb. 8.2 Anwendung der HMAC bei iOS- und Android-Geräten

8.4 Fazit und Empfehlungen

Die Ergebnisse dieser Analyse von 30 IoT-Geräten verdeutlichen, dass für die Anbieter im Bereich der Datensicherheit noch dringender Handlungsbedarf besteht. Die Untersuchungen der Auditoren legten viele Mängel bei der Datensicherheit offen, wie beispielsweise das Fehlen eines MITM-Schutzes. Damit die Anbieter das Vertrauen der User in ihre Technologien und Geräte sichern und ausbauen können, sollte der Fokus auf die Verbesserung der Datensicherheit gerichtet werden. Auf diese Weise können Verbraucher die Geräte dauerhaft und sicher nutzen.

Um das Vertrauen der Nutzer festigen zu können, hat der Anbieter viele Möglichkeiten. Die Geräte können hinsichtlich Datenschutz und Datensicherheit an die rechtlichen und technischen Standards angepasst werden. Einige Unternehmen können Lösungsvorschläge zu den festgestellten Mängeln ausarbeiten und den Anbieter bei der Optimierung von Datenschutz und Datensicherheit unterstützen. Die professionellen Prüfungen und die entsprechenden Handlungsempfehlungen werden jedoch von den Anbietern und Entwicklern bisher zu wenig genutzt, wie auch diese Studie zeigt.

Literatur

aerzteblatt.de (2016): Johnson & Johnson warnt vor möglicher Manipulation von Insulinpumpe, zuletzt besucht: 10.05.2017, https://www.aerzteblatt.de/nachrichten/70780/Johnson-Johnson-warnt-vor-moeglicher-Manipulation-von-Insulinpumpe. Zitieren als: aerzteblatt 2016.

Das Erste (2015): Smart-TV: Sicherheitslücken bei Internet-Betrieb, zuletzt besucht: 01.02.2017, http://www.daserste.de/information/wirtschaft-boerse/plusminus/sendung/swr/smart-tv-22042015-100.html. Zitieren als: ARD 2015.

ePrivacy (Hrsg.) (2015): Datensicherheit und Datenschutz von Medical Apps, Hamburg. Zitieren als: ePrivacy 2015, S.

heise online (2013): Vaillant-Heizungen mit Sicherheits-Leck, zuletzt besucht: 10.05.2017, http://
    www.heise.de/security/meldung/Vaillant-Heizungen-mit-Sicherheits-Leck-1840919.html. Zitie-
    ren als: heise 2013.
HP Development Company (2014): HP Study Reveals 70 Percent of Internet of Things Devices
    Vulnerable to Attack, Abgerufen am 03.03.2017: http://www8.hp.com/us/en/hp-news/press-
    release.html?id=1744676#.VqDVo1Ku_Oo. Zitieren als: HP 2014.
Online Trust Alliance (2015): IoT Trust Framework – Discussion Draft, Abgerufen am 03.03.2017:
    https://otalliance.org/system/files/files/resource/documents/iot_trust_frameworkv1.pdf. Zitieren
    als: OTA 2015.
OWASP (2014), Abgerufen am 03.03.2017: https://www.owasp.org/index.php/Main_Page. Zitieren
    als: OWASP 2014.
WIRED (2015): Hackers Remotely Kill a Jeep on the Highway—With Me in It, zuletzt besucht:
    10.05.2017,https://www.wired.com/2015/07/hackers-remotely-kill-jeep-highway/. Zitieren als:
    WIRED 2015.

Zusammenfassung: Umsetzung von Datensicherheit und Datenschutz bei E-Health

Christoph Bauer und Frank Eickmeier

9.1 Orientierung für Anbieter

Die folgende Checkliste ermöglicht es den Anbietern von Anwendungen, frühzeitig und systematisch zu ermitteln, wo ihr E-Health-Produkt oder ihre E-Health-Dienstleistung bereits mit den relevanten Datenschutzanforderungen im Einklang steht und in welchen Bereichen ggf. noch Optimierungsbedarf besteht. Im Idealfall gibt sie bereits während der Entwicklungsphase die erforderliche Orientierung.

Es muss betont werden, dass in dieser Checkliste nur datenschutzrelevante Rechtsgrundlagen berücksichtigt wurden. Anforderungen an E-Health-Produkte, die sich beispielsweise allein aus dem Medizinproduktegesetz oder aus KBV-Regelungen ergeben, sind daher nicht abgebildet worden.

Abgebildet wurde der Stand der Dinge, der bei Drucklegung des Buches aktuell war. Es ist zu berücksichtigen, dass sich die Anforderungen permanent weiterentwickeln, weil Gesetze neu interpretiert werden und/oder sich technische Möglichkeiten ändern. Die Checkliste fasst die Ausführungen der Vorkapitel zusammen und ist in drei Teile gegliedert:

- Allgemeingültige Anforderungen, die sich vor allem aus dem deutschen Datenschutzrecht wie dem Bundesdatenschutzgesetz (BDSG) oder dem Telemediengesetz (TMG) ergeben
- Zusätzlichen Anforderungen, die sich aus der EU-Datenschutz-Grundverordnung (DSGVO) ergeben
- Anforderungen, die sich aus speziell im Gesundheitswesen geltenden Rechtsgrundlagen ergeben

Die Checkliste soll Anbietern eine Orientierung bieten und stellt daher bewusst nicht jeden gesetzlich geregelten Sonderfall dar, der im Einzelfall jedoch möglicherweise entscheidend sein kann. Sie ersetzt also keinesfalls eine individuelle Rechtsberatung.

© Springer Fachmedien Wiesbaden GmbH 2018
C. Bauer et al., *E-Health: Datenschutz und Datensicherheit*,
https://doi.org/10.1007/978-3-658-15091-4_9

9.2   Anforderungen basierend auf Datenschutzgesetzen bis 2018

Die Gebote zur Datenvermeidung und Datensparsamkeit müssen berücksichtigt werden (§ 3a BDSG). Bei der Auswahl und Gestaltung des Systems ist daher der Grundsatz zu beachten, nur so wenig personenbezogene Daten wie möglich zu erheben, zu verarbeiten und zu nutzen.

Dem Nutzer muss eine klar verständliche Beschreibung des angebotenen Produkts bzw. der angebotenen Dienstleistung zur Verfügung gestellt werden.

Der Anbieter muss gesetzliche Informationspflichten erfüllen. Dazu gehört z. B. eine ausreichende Anbieterkennzeichnung bei Online-Angeboten und ein den Anforderungen von § 5 TMG entsprechendes Impressum.

Der Nutzer muss in klar verständlichen Worten im Rahmen einer Datenschutzerklärung über die Datenverarbeitung, insbesondere Art, Umfang und Zweck der Erhebung und Verwendung personenbezogener Daten, hinreichend aufgeklärt werden. Auch über die Verarbeitung seiner Daten außerhalb der EU/EWR sowie die Weitervermittlung von Daten an einen anderen Dienstleister ist er ggf. zu informieren.

Falls zulässiger Weise Nutzungsprofile erstellt werden, ist der Nutzer darauf sowie auf sein Widerspruchsrecht hinzuweisen. Es muss eine Information über die Verwendung von Cookies, Weblogs, Analyse- bzw. Tracking-Dienste erfolgen.

Der Anbieter hat bei der Datenspeicherung, -verarbeitung und -nutzung sicherzustellen, dass die erhobenen Daten nur gemäß ihrer Zweckbestimmung verarbeitet werden oder dass eine gesetzlich zulässige Zweckänderung gegeben ist.

Der Anbieter hat zu gewährleisten, dass bei seiner Datenverarbeitung das Trennungsgebot beachtet wird. Das Trennungsgebot verlangt, dass die Daten, die zu unterschiedlichen Zwecken erhoben wurden, getrennt voneinander verarbeitet werden können.

Personenbezogene Daten dürfen nur erhoben, verarbeitet oder genutzt werden, wenn entweder ein Gesetz dieses zulässt oder der Betroffene eingewilligt hat.

Sofern eine Einwilligung des Betroffenen einzuholen ist, ist sicherzustellen, dass sie auf der freien Entscheidung des Betroffenen beruht. Zudem ist bei der Einholung der Einwilligung auch sicherzustellen, dass zugleich auf den vorgesehenen Zweck der Erhebung, Verarbeitung oder Nutzung sowie – auf Verlangen oder soweit nach den Umständen des Einzelfalls erforderlich – auf die Folgen der Verweigerung der Einwilligung hingewiesen wird. Die Einwilligung ist in der gesetzlich vorgesehenen Form einzuholen.

Sollte ein Anbieter besondere Arten personenbezogener Daten im Sinne von § 3 Abs. 9 BDSG für eigene Geschäftszwecke erheben, verarbeiten oder nutzen, ist insbesondere sicherzustellen, dass die Voraussetzungen des § 28 Abs. 6–9 BDSG eingehalten werden.

Besonders sensible Daten gem. § 3 Abs. 9 BDSG sind Angaben über die rassische und ethnische Herkunft, politische Meinung, religiöse oder philosophische Überzeugung, Gewerkschafts-zugehörigkeit, Gesundheit oder Sexualleben. Sofern diese verarbeitet werden sollen, gelten weitere besondere Anforderungen nach BDSG.

Das Erheben von besonderen Arten personenbezogener Daten ist zulässig, wenn dies zum Zweck der Gesundheitsvorsorge, der medizinischen Diagnostik, der Gesundheitsversorgung oder Behandlung oder für die Verwaltung von Gesundheitsdiensten erforderlich ist und die Verarbeitung dieser Daten durch ärztliches Personal oder durch sonstige Personen erfolgt, die einer entsprechenden Geheimhaltungspflicht unterliegen.

Bei bloßem Seitenaufruf des Nutzers muss der Anbieter sicherstellen, dass nur die nach § 15 Abs. 1 TMG zulässigen Nutzungsdaten erhoben werden. Sofern der Anbieter Nutzungsprofile unter einem Pseudonym für Zwecke der Werbung, Marktforschung oder bedarfsgerechten Gestaltung von Telemedien erstellt, muss er sicherstellen, dass die Anforderungen des § 15 Abs. 3 TMG beachtet werden.

Zu beachten ist hier insbesondere die aktuelle Rechtsprechung zu dynamischen IP-Adressen, die bei Drucklegung des Buches als personenbezogene Daten gelten.

Der Anbieter hat zu gewährleisten, dass die gesetzlich verankerten Betroffenenrechte in effektiver Weise durchsetzbar sind und dass die dazu erforderlichen technischen und organisatorischen Maßnahmen eingerichtet worden sind. Zu den Betroffenenrechten gehören folgende:

- Recht auf Auskunft
- Recht auf Berichtigung unrichtiger Daten
- Recht auf Löschung bzw. Sperrung personenbezogener Daten
- Widerspruchsrechte der Betroffenen
- Weiterleitungs- und Unterrichtungspflicht i. S. d. § 6 Abs. 2 BDSG

Die Gesamtorganisation des Anbieters soll die Belange des Datenschutzes so berücksichtigen, dass hinreichende Standards und Regelungen vorhanden sind, die die Erreichung der Datenschutzziele gewährleisten.

Das Unternehmen des Anbieters hat die Bestellung eines betrieblichen bzw. externen Datenschutzbeauftragten gem. § 4 f. BDSG darzulegen, soweit dies nach den gesetzlichen Anforderungen erforderlich ist.

Der Anbieter hat das Vorliegen eines Verfahrensverzeichnisses gem. § 4e BDSG zu dokumentieren, soweit dies nach den gesetzlichen Anforderungen erforderlich ist. Bestimmte Angaben sind dabei vorgeschrieben.

Der Anbieter hat, soweit dies erforderlich ist, Auftragsdatenverarbeitungsverträge gem. § 11 BDSG abzuschließen. Zu klären ist in diesem Zusammenhang, ob eine Datenverarbeitung durch Dritte erfolgt und dies z. B. gemäß § 203 StGB und § 80 Abs. 5 SGB X auch zulässig ist. Hinreichende technische und organisatorische Maßnahmen, die insbesondere auch die Bindung des Auftragnehmers an die Weisung der verantwortlichen Stelle gewährleisten, sind dabei ebenfalls zu dokumentieren.

Der Anbieter muss darlegen, dass in seinem Unternehmen hinreichende technische und organisatorische Sicherheitsmaßnahmen im Sinne des § 9 BDSG implementiert worden sind.

In der Anlage zu § 9 BDSG sind folgende Anforderungen an die technischen und organisatorischen Sicherheitsmaßnahmen, die von Unternehmen zur Erreichung eines einheitlichen gesetzlichen Mindeststandards gestellt werden, enthalten:

1. **Zutrittskontrolle**
   Unbefugten ist der Zutritt zu Datenverarbeitungsanlagen, mit denen personenbezogene Daten verarbeitet oder genutzt werden, zu verwehren, wobei der Begriff räumlich zu verstehen ist.
2. **Zugangskontrolle**
   Das Eindringen Unbefugter in und unerlaubtes Nutzen von Datenverarbeitungssystemen ist zu verhindern durch technische (Kennwort-/Passwortschutz) und organisatorische (Benutzerstammsatz) Maßnahmen hinsichtlich der Benutzeridentifikation und Authentifizierung.
3. **Zugriffskontrolle**
   Unerlaubte Tätigkeiten in Datenverarbeitungssystemen außerhalb eingeräumter Berechtigungen sind zu verhindern durch bedarfsorientierte Ausgestaltung des Berechtigungskonzepts und der Zugriffsrechte sowie deren Überwachung und Protokollierung.
4. **Weitergabekontrolle**
   Die Aspekte der Weitergabe personenbezogener Daten sind zu regeln, z. B. hinsichtlich der elektronischen Übertragung, Datentransport, Übermittlungskontrolle. Dazu zählen auch Maßnahmen bei Transport, Übertragung und Übermittlung oder Speicherung auf Datenträgern (manuell oder elektronisch) sowie bei der nachträglichen Überprüfung.
5. **Eingabekontrolle**
   Die Nachvollziehbarkeit bzw. Dokumentation der Datenverwaltung und -pflege ist zu gewährleisten, z. B. durch Maßnahmen zur nachträglichen Überprüfung, ob und von wem Daten eingegeben, verändert oder entfernt (gelöscht) worden sind.
6. **Auftragskontrolle**
   Soweit eine Auftragsdatenverarbeitung i. S. d. § 11 BDSG gegeben ist: Die weisungsgemäße Auftragsdatenverarbeitung ist zu gewährleisten durch Maßnahmen (technisch sowie organisatorisch) zur Abgrenzung der Kompetenzen zwischen Auftraggeber und Auftragnehmer.
7. **Verfügbarkeitskontrolle**
   Die Daten sind gegen zufällige Zerstörung oder Verlust zu schützen durch physikalische bzw. logistische Maßnahmen zur Datensicherung.
8. **Trennungskontrolle**
   Daten, die zu unterschiedlichen Zwecken erhoben wurden, sind auch getrennt zu verarbeiten. Daher sind Maßnahmen zur getrennten Verarbeitung (Speicherung, Veränderung, Löschung, Übermittlung) von Daten mit unterschiedlichen Zwecken zu gewährleisten.

Der Anbieter muss in seinem Unternehmen hinreichende innerbetriebliche Regelungen zum Thema Datenschutz erlassen haben. Alle mit Datenverarbeitung beschäftigten Mitarbeiter müssen z. B. auf das Datengeheimnis verpflichtet worden sein und es sollten systematische Regelungen zum Umgang mit personenbezogenen Daten vorhanden sein. Alle Mitarbeiter sollten in regelmäßigen Abständen für das Thema Datenschutz sensibilisiert werden.

9.3   Zusätzliche Anforderungen nach der EU-Datenschutz-Grundverordnung

Die **Grundsätze zur Verarbeitung personenbezogener Daten** nach Art. 5 DSGVO (Datenschutz-Grundverordnung) müssen ab Mai 2018 berücksichtigt werden. Personenbezogene Daten müssen danach auf rechtmäßige Weise, nach Treu und Glauben und in einer für die betroffene Person nachvollziehbaren Weise verarbeitet werden. Dabei sind auch die Zweckbindung und das Prinzip der „Datenminimierung" zu berücksichtigen. Integrität und Vertraulichkeit der Daten müssen – auch durch geeignete technische und organisatorische Maßnahmen – sichergestellt werden.

Es muss gewährleistet sein, dass die Verarbeitung personenbezogener Daten z. B. aufgrund eines der folgenden Gründe rechtmäßig ist (**Rechtmäßigkeit der Verarbeitung):**

- Einwilligung der betroffenen Person wurde erteilt
- Erfüllung eines Vertrages oder anderer rechtlicher Verpflichtungen
- Schutz lebenswichtiger Interessen
- Wahrnehmung einer Aufgabe im öffentlichen Interesse oder Ausübung öffentlicher Gewalt

Sofern es zu einer Datenverarbeitung zu einem anderen Zweck als zu demjenigen, zu dem die personenbezogenen Daten erhoben wurden, kommt (**Zweckänderung),** muss diese auf der Einwilligung der betroffenen Person oder auf einer Rechtsvorschrift der Union oder der Mitgliedsstaaten beruhen. Sofern dies nicht der Fall ist, müssen die Anforderungen von Art. 6 Abs. 4 DSGVO erfüllt sein.

Beruht die Verarbeitung auf einer **Einwilligung,** muss der Verantwortliche nachweisen, dass die betroffene Person in die Verarbeitung ihrer personenbezogenen Daten eingewilligt hat. An entsprechende schriftliche Erklärungen stellt die DSGVO dabei auch formal bestimmte Anforderungen.

Besondere personenbezogene Daten sind Daten, aus denen die rassische und ethnische Herkunft, politische Meinungen, religiöse oder weltanschauliche Überzeugungen oder die Gewerkschaftszugehörigkeit hervorgeht, sowie die Verarbeitung von genetischen Daten, biometrischen Daten zur eindeutigen Identifizierung einer natürlichen Person, Gesundheitsdaten oder Daten zum Sexualleben oder der sexuellen Orientierung einer natürlichen Person.

Sollte der Anbieter besondere personenbezogene Daten verarbeiten, sind die Voraussetzungen des Art. 9 DSGVO einzuhalten.

Der Anbieter hat zu gewährleisten, dass die in den Art. 12 ff. DSGVO näher spezifizierten **Rechte der betroffenen Personen** sichergestellt sind. Dazu zählen insbesondere folgende Rechte bzw. Verpflichtungen:

- Der betroffenen Person müssen alle Informationen, die sich auf die Verarbeitung beziehen, in präziser, transparenter, verständlicher und leicht zugänglicher Form in einer klaren und einfachen Sprache übermittelt werden.
- Die Übermittlung der Informationen hat schriftlich oder in anderer Form, ggf. auch elektronisch zu erfolgen.
- Der betroffenen Person sind, sofern personenbezogene Daten erhoben werden, die rechtlich erforderlichen Mitteilungen über Erhebung und Verarbeitung ihrer Daten zu machen.
- Es ist sicherzustellen, dass der Anbieter, sofern personenbezogene Daten für einen anderen Zweck weiterverarbeitet werden sollen, als den, für den die personenbezogenen Daten erhoben wurden, die betroffene Person vor dieser Weiterverarbeitung darüber informiert.

Die betroffene Person hat das Recht, von dem Verantwortlichen eine Auskunft darüber zu erhalten, ob personenbezogene Daten verarbeitet werden, die sie betreffen. Sofern dies der Fall ist, hat sie außerdem das **Recht auf Auskunft** über diese personenbezogenen Daten und auf z. B. folgende weitere Informationen:

- die Verarbeitungszwecke
- die Kategorien personenbezogener Daten, die verarbeitet werden
- die Empfänger oder Kategorien von Empfängern, gegenüber denen die personenbezogenen Daten offengelegt worden sind oder noch offengelegt werden
- die geplante Dauer, für die die personenbezogenen Daten gespeichert werden
- das Bestehen eines Rechts auf Berichtigung oder Löschung der sie betreffenden personenbezogenen Daten oder auf Einschränkung der Verarbeitung durch den Verantwortlichen oder eines Widerspruchsrechts gegen diese Verarbeitung
- das Bestehen eines Beschwerderechts bei einer Aufsichtsbehörde

Es ist sicherzustellen, dass die betroffene Person das Recht hat, von dem Verantwortlichen unverzüglich die **Berichtigung** der sie betreffenden unrichtigen personenbezogenen Daten zu verlangen. Weiter ist sicherzustellen, dass unter Berücksichtigung der Zwecke der Verarbeitung die betroffene Person das Recht hat, die Vervollständigung unvollständig personenbezogener Daten zu verlangen.

Es ist sicherzustellen, dass die betroffene Person ihr Recht durchsetzen kann, von dem Verantwortlichen zu verlangen, dass sie betreffende personenbezogene Daten unverzüglich gelöscht werden (**Recht auf Löschung**) und dass der Verantwortliche verpflichtet ist, personenbezogene Daten unverzüglich zu löschen, sofern einer der in der DSGVO explizit genannten Gründe zutrifft.

Es ist sicherzustellen, dass die betroffene Person das Recht besitzt, von dem Verantwortlichen die **Einschränkung der Verarbeitung** zu verlangen, wenn eine der in der DSGVO genannten Voraussetzungen gegeben ist.

Es ist sicherzustellen, dass die betroffene Person das ihr zustehende **Recht auf Datenübertragbarkeit** gem. Art. 20 DSGVO wirksam durchsetzen kann.

Der jeweils betroffenen Person muss das Recht eingeräumt werden, jederzeit gegen die Verarbeitung der sie betreffenden personenbezogenen Daten, die aufgrund von Art. 6 Abs. 1 e oder f erfolgt ist, Widerspruch einlegen zu können. Dabei ist sicherzustellen, dass die betroffene Person spätestens zum Zeitpunkt der ersten Kommunikation mit ihr ausdrücklich auf die ihr zustehenden **Widerspruchsrechte** hingewiesen wird.

Es ist sicherzustellen, dass eine betroffene Person das Recht besitzt, nicht einer ausschließlich auf **automatisierter Verarbeitung** – einschließlich Profiling – ruhenden Entscheidung unterworfen zu werden, die ihr gegenüber rechtliche Wirkung entfaltet oder sie in ähnlicher Weise erheblich beeinträchtigt. In bestimmten Fällen gilt diese Regelung nicht. Dann ist sicherzustellen, dass der Verantwortliche angemessene Maßnahmen trifft, um die Rechte und Freiheiten sowie die berechtigten Interessen der Betroffenen zu wahren. Ferner dürfen entsprechende Entscheidungen nicht auf besonderen Kategorien personenbezogener Daten beruhen, sofern nicht die Voraussetzungen von Art. 9 Abs. 2 DSGVO a oder g erfüllt sind.

Erfolgt eine **Verarbeitung im Auftrag** eines Verantwortlichen, so ist sicherzustellen, dass dieser nur mit Auftragsverarbeitern arbeitet, die hinreichend Garantien dafür bieten, das geeignete technische und organisatorische Maßnahmen so durchgeführt werden, dass die Verarbeitung im Einklang mit den Anforderungen dieser Verordnung erfolgt und den Schutz der Rechte der betroffenen Person gewährleistet. Die Verarbeitung durch einen Auftragsverarbeiter darf nur auf der Grundlage eines Vertrages erfolgen oder eines anderen Rechtsinstruments nach Maßgabe von Art. 28 Abs. 3 DSGVO, der den Auftragsverarbeiter in Bezug auf den Verantwortlichen bindet und in dem Gegenstand und Dauer der Verarbeitung, Art und Zweck der Verarbeitung, die Art der personenbezogenen Daten, die Kategorien betroffener Personen und die Pflichten und Rechte des Verantwortlichen festgelegt sind.

Es ist sicherzustellen, dass der Anbieter ein **Verzeichnis aller Verarbeitungstätigkeiten** führt, die seiner Zuständigkeit unterliegen. Dieses Verzeichnis muss alle rechtlich vorgeschriebenen Angaben enthalten. Es ist sicherzustellen, dass jeder Auftragsverarbeiter ein Verzeichnis zu allen Kategorien von im Auftrag eines Verantwortlichen durchgeführten Tätigkeiten der Verarbeitung führt. Auch dieses Verzeichnis muss alle rechtlich vorgeschriebenen Angaben enthalten.

Die Anbieter haben unter Berücksichtigung des Standes der Technik, der Implementierungskosten und der Art, des Umfangs, der Umstände und des Zwecks der Verarbeitung sowie der unterschiedlichen Eintrittswahrscheinlichkeit und Schwere des Risikos für die Rechte und Freiheiten natürlicher Personen geeignete technische und organisatorische

Maßnahmen zu treffen, um ein dem Risiko **angemessenes Schutzniveau** zu gewährleisten. Diese Maßnahmen haben insbesondere Folgendes einzuschließen:

- die Pseudonymisierung und Verschlüsselung personenbezogener Daten
- die Fähigkeit, die Vertraulichkeit, Integrität, Verfügbarkeit und Belastbarkeit der Systeme und Dienste im Zusammenhang mit der Verarbeitung auf Dauer sicherzustellen
- die Fähigkeit, die Verfügbarkeit der personenbezogenen Daten und den Zugang zu ihnen bei einem physischen oder technischen Zwischenfall rasch wiederherzustellen
- ein Verfahren zur regelmäßigen Überprüfung, Bewertung und Evaluierung der Wirksamkeit der technischen und organisatorischen Maßnahmen zur Gewährleistung der Sicherheit der Verarbeitung

Bei der Beurteilung des angemessenen Schutzniveaus sind in erster Linie die Risiken zu berücksichtigen, die mit der Verarbeitung verbunden sind – insbesondere durch Vernichtung, Verlust oder Veränderung, ob unbeabsichtigt oder unrechtmäßig, oder unbefugte Offenlegung von bzw. unbefugten Zugang zu personenbezogenen Daten, die übermittelt, gespeichert oder auf andere Weise verarbeitet wurden.

Hat eine Form der Verarbeitung, insbesondere bei Verwendung neuer Technologien, aufgrund der Art, des Umfangs, der Umstände und der Zwecke der Verarbeitung voraussichtlich ein hohes Risiko für die Rechte und Freiheiten natürlicher Personen zur Folge, so muss der Verantwortliche vorab eine **Abschätzung der Folgen** der vorgesehenen Verarbeitungsvorgänge für den Schutz personenbezogener Daten durchführen. Für die Untersuchung mehrerer ähnlicher Verarbeitungsvorgänge mit ähnlich hohen Risiken kann eine einzige Abschätzung vorgenommen werden. Eine Datenschutz-Folgenabschätzung ist insbesondere in folgenden Fällen erforderlich:

- systematische und umfassende Bewertung persönlicher Aspekte natürlicher Personen, die sich auf automatisierte Verarbeitung einschließlich Profiling gründet und die ihrerseits als Grundlage für Entscheidungen dient, die Rechtswirkung gegenüber natürlichen Personen entfalten oder diese in ähnlich erheblicher Weise beeinträchtigen
- umfangreiche Verarbeitung besonderer Kategorien von personenbezogenen Daten gemäß Artikel 9 Absatz 1 DSGVO oder von personenbezogenen Daten über strafrechtliche Verurteilungen und Straftaten gemäß Artikel 10 DSGVO
- systematische umfangreiche Überwachung öffentlich zugänglicher Bereiche

Diese Datenschutz-Folgenabschätzung erhält zumindest folgende Angaben:

- eine systematische Beschreibung der geplanten Verarbeitungsvorgänge und der Zwecke der Verarbeitung, gegebenenfalls einschließlich der von dem Verantwortlichen verfolgten berechtigten Interessen
- eine Bewertung der Notwendigkeit und Verhältnismäßigkeit der Verarbeitungsvorgänge in Bezug auf den Zweck

- eine Bewertung der Risiken für die Rechte und Freiheiten der betroffenen Personen gemäß Absatz 1 und
- die zur Bewältigung der Risiken geplanten Abhilfemaßnahmen, einschließlich Garantien, Sicherheitsvorkehrungen und Verfahren, durch die der Schutz personenbezogener Daten sichergestellt und der Nachweis dafür erbracht wird, dass diese Verordnung eingehalten wird, wobei den Rechten und berechtigten Interessen der betroffenen Personen und sonstiger Betroffener Rechnung getragen wird.

Der Anbieter hat gemäß DSGVO unter bestimmten Bedingungen einen **Datenschutzbeauftragten** zu benennen. Der Datenschutzbeauftragte wird auf der Grundlage seiner beruflichen Qualifikation und insbesondere des Fachwissens benannt, das er auf dem Gebiet des Datenschutzrechts und der Datenschutzpraxis besitzt, sowie auf der Grundlage seiner Fähigkeit zur Erfüllung der in Artikel 39 DSGVO genannten Aufgaben. Der Verantwortliche und der Auftragsverarbeiter stellen sicher, dass der Datenschutzbeauftragte ordnungsgemäß und frühzeitig in alle mit dem Schutz personenbezogener Daten zusammenhängenden Fragen eingebunden wird.

Es ist sicherzustellen, dass jede **Übermittlung personenbezogener Daten,** die bereits verarbeitet werden oder nach ihrer Übermittlung an ein Drittland oder eine internationale Organisation verarbeitet werden sollen, nur dann zulässig ist, wenn der Verantwortliche und der Auftragsverarbeiter die in Art. 44 DSGVO niedergelegten Voraussetzungen einhalten.

Eine Übermittlung personenbezogener Daten an ein Drittland oder eine internationale Organisation darf vorgenommen werden, wenn die Kommission beschlossen hat, dass das betreffende Drittland, ein Gebiet oder ein oder mehrere spezifische Sektoren in diesem Drittland oder die betreffende internationale Organisation ein angemessenes Schutzniveau bieten. Eine solche Datenübermittlung bedarf keiner besonderen Genehmigung.

Falls kein Beschluss nach Artikel 45 Absatz 3 DSGVO von der Kommission vorliegt, darf ein Verantwortlicher oder ein Auftragsverarbeiter personenbezogene Daten an ein Drittland oder eine internationale Organisation nur übermitteln, sofern der Verantwortliche oder der Auftragsverarbeiter geeignete Garantien vorgesehen hat und sofern den betroffenen Personen durchsetzbare Rechte und wirksame Rechtsbehelfe zur Verfügung stehen.

9.4   Spezielle Anforderungen aus dem Gesundheitswesen

Im § 203 des Strafgesetzbuchs (StGB) ist die ärztliche Schweigepflicht verankert. An diese ärztliche Schweigepflicht sind nicht nur die Ärzte als solche, sondern auch die Angehörigen der nichtärztlichen Heilberufe mit staatlich geregelter Ausbildung gebunden, z. B. nichtärztliche Psychotherapeuten, medizinische Fachangestellte, Krankenschwestern und Krankenpfleger, Hebammen, Krankengymnasten und medizinisch-technische Assistenten sowie deren „berufsmäßig tätigen Gehilfen". Sofern Patientendaten weitergegeben werden, muss sichergestellt sein, dass

- der Patient in die Weitergabe seiner Daten eingewilligt hat oder
- eine mutmaßliche Einwilligung vorliegt, z. B. weil der Patient sein Einverständnis nicht geben kann oder
- eine gesetzliche Offenbarungspflicht oder
- ein rechtfertigender Notstand gem. § 24 StGB vorliegt.

Es ist sicherzustellen, dass die wichtigsten Standards für IT-Sicherheit im Gesundheitswesen eingehalten werden.

Neben den allgemein gültigen IT-Sicherheitsstandards muss insbesondere von Kliniken, Verbünden, medizinischen Versorgungszentren und Praxisgemeinschaften die Norm ISO/IEC27001–27799 „IT-Sicherheit im Gesundheitswesen" erfüllt werden. Die Übertragungswege zwischen verschiedenen am Prozess beteiligten Geräten sind technisch abzusichern. Es sind adäquate und aktuelle Sicherheitsmechanismen zur Verschlüsselung, Authentifizierung, Autorisierung und Kontrolle einzusetzen.

Im IoT-Bereich müssen die eingesetzten Sensorknoten gegen Störungen und unautorisierte Zugriffe ausreichend geschützt werden. Die Integrität der übermittelten Daten muss sichergestellt sein. Medizinische Datensätze müssen unmittelbar nach ihrer Erzeugung gegen einen möglichen Integritätsverlust geschützt werden.

Einem Device-Hijacking ist durch eine Authentizitätsprüfung (z. B. durch eine Zwei-Faktor-Authentifizierung) angemessen vorzubeugen. Näheres regelt hier der in diesem Bereich wichtige „Leitfaden Elektronische Kommunikation und Langzeitspeicherung elektronischer Daten" (Stand 22. April 2016) des BVI. Dieser verlangt in Abschn. 3.2.3.4. insbesondere für Apps, aber auch bei jeder sonstigen Form der elektronischen Kommunikation nicht nur bei der erstmaligen Anmeldung des Nutzers eine Zwei-Wege-Authentifizierung, sondern auch bei jeder weiteren Übermittlung personenbezogener Daten der Schutzklasse „hoch" oder „sehr hoch" (also i. d. R. bei Gesundheitsdaten). Im Klartext bedarf es also bei *jeder* Übermittlung von Gesundheitsdaten einer solchen transaktions- oder sitzungsbezogenen Zwei-Faktor-Authentifizierung (auch „2FA" genannt).

Nach einer informellen Auskunft der Aufsichtsbehördern werden diese strengen Anforderungen nur für Apps verlangt, die eine Kommunikation zwischen dem Nutzer und z. B. einem Sozialversicherungsträger oder einem Krankenhaus ermöglichen. Dagegen wird eine Zwei-Faktor-Authentifizierung i. d. R. *nicht* verlangt für herkömmliche Fitnesstracker und vergleichbare Apps, obwohl es auch hier zur Übertragung von Gesundheitsdaten des jeweiligen Nutzes kommt, da es hier an einem erhöhten Bedürfnis für eine Authentifizierung des jeweiligen Anwenders regelmäßig fehle. Entscheidend ist aber immer der jeweilige Einzelfall.

Die Mindestanforderungen für alle Fälle von App-Kommunikation sind nach dem Leitfaden:

- Die App darf keine nutzerbezogenen Daten ungesichert auf dem Gerät speichern. Die Daten sind auf dem App-Server gesichert vorzuhalten.
- Während der Nutzung der App gespeicherte Daten sind in einem gesicherten Bereich abzuspeichern.

Folgende generelle Anforderungen zur Sicherheit der Daten in E-Health-Systemen müssen nach aktuellem technischen Stand erfüllt sein:

- Systemverfügbarkeit
- Interoperabilität
- Zugriffskontrolle und Authentifizierung
- Datenintegrität
- Netzwerksicherheit
- Sicherheitsexpertise und -bewusstsein
- Schutz vor Datenverlust
- Standardisierung, Compliance und Vertrauen
- Management von grenzüberschreitenden Ereignissen
- Incident-Management
- Physikalische und umweltbezogene Sicherheit

Besonders schützenswerte medizinische Datensätze müssen unmittelbar nach Eingang beim Anbieter und vor dem Einspielen in eine Fachanwendung auf nicht wiederbeschreibbaren Datenträgern oder in einem revisionssicheren Archiv gespeichert werden.

Die Datensätze müssen während der Aufbewahrungsfristen lesbar gemacht bzw. für eine Auswertung über Prüfsoftware zur Verfügung gestellt werden können.

Der **Zugriff auf die archivierten Daten** ist in einem Benutzerkonzept festzulegen. Administrationsrechte mit der Möglichkeit der Veränderung/Löschung von Daten sind restriktiv zu vergeben.

Die gesetzlichen Regelungen zum besonderen Schutz der **Patientendaten** sind zu beachten. Das Recht des Patienten auf informationelle und medizinische Selbstbestimmung muss gewahrt sein. Nur ein begrenzter Personenkreis darf Zugang zu folgenden Informationen haben:

- Name des Patienten
- Tatsache der Behandlung
- Art der Krankheit
- deren Verlauf
- Anamnese

- Diagnose
- Therapie
- Prognose
- körperliche und geistige Feststellungen
- sämtliche im Rahmen der Behandlung bekannt gemachten Angaben über persönliche, familiäre, berufliche, wirtschaftliche und finanzielle Gegebenheiten
- Informationen über Dritte, die der Patient dem Arzt anvertraut

Es muss transparent sein, wie der Personenkreis ermittelt wird, der Zugang zu den Informationen hat, und wie technisch sichergestellt wird, dass nur dieser Personenkreis die Informationen abrufen kann.

Zur Abgrenzung von Patientendaten und Gesundheitsdaten
Neben den medizinischen Patientendaten gelten folgende beispielhafte Informationen ebenfalls als **Gesundheitsdaten** und unterliegen damit einem besonderen Schutz:

- Trägt eine Person eine Brille oder Kontaktlinsen?
- Leidet eine Person an gesundheitlichen Beeinträchtigungen, die im Notfall eine spezielle Maßnahme erforderlich machen (z. B. Asthma)?
- Daten über eine Mitgliedschaft in einer Vereinigung zur Hilfe von bestimmten Krankheitsgruppen („patient support groups" in Unterscheidung zu „self-help groups")?
- Berechnung der Herzfrequenz und des Blutdrucks durch Apps

Es ist sicherzustellen, dass die gesetzlichen Regelungen zum besonderen Schutz von Gesundheitsdaten beachtet werden. Das Recht des Patienten auf informationelle und medizinische Selbstbestimmung muss gewahrt werden. Nur ein begrenzter Personenkreis darf Zugang zu diesen Informationen haben. Es muss transparent sein, wie der Personenkreis ermittelt wird, der Zugang zu den Informationen hat und wie technisch sichergestellt wird, dass nur dieser Personenkreis Zugang zu den Informationen hat.

Gesundheitsdaten müssen gelöscht werden, wenn der Zweck ihrer Erhebung, Verarbeitung oder Speicherung weggefallen ist. Es gibt insoweit keine einheitlichen starren Fristen, sondern es ist Aufgabe jeder Verantwortlichen Stelle, sicherzustellen, dass personenbezogene Daten nicht länger als erforderlich gespeichert werden (Erwägungsgrund 39 DSGVO). Dies erreicht man durch die Etablierung eines Löschkonzeptes, durch das geregelt wird, wann welche Daten unter welchen Voraussetzungen wieder zu löschen sind.

Für die Forschung gibt es besondere Anforderungen im Datenschutz und teilweise Erleichterungen. Ein wesentliches Merkmal von medizinischer Forschung ist deren Unabhängigkeit z. B. von kommerziellen Interessen. Behandlungsbegleitende Maßnahmen gelten nicht als Forschung. Sofern behandelnder Arzt und Forschender identisch sind, erfolgt keine Offenbarung von Patientengeheimnissen; diese Eigenforschung ist grundsätzlich erlaubt.

Die **Forschungsdaten** dürfen für keinen anderen Zweck genutzt werden. Sie sind zum frühestmöglichen Termin zu anonymisieren bzw. pseudonymisieren. Eine Einwilligung muss vorliegen. Referenzlisten sind separat zu führen bzw. die Pflicht zur Filetrennung von Identifikatoren und Forschungsdaten nach Art. 83 DSGVO ist zu erfüllen.

Eine personenbezogene Veröffentlichung kommt nur bei Einwilligung oder in Zusammenhang mit Ereignissen der Zeitgeschichte in Betracht. Sofern Forschungsprojekte personenbezogen durchgeführt werden, sind ggf. vorgeschriebene Melde- und Genehmigungspflichten zu erfüllen.

Bei **Sozialdaten** handelt es sich um personenbezogene Daten, die von einem Sozialleistungsträger oder einer ihm gleichgestellten Institution im Rahmen seiner bzw. ihrer gesetzlichen Aufgaben erhoben werden. Sozialdaten dürfen nur von Befugten erhoben, verarbeitet oder genutzt werden. Sozialdaten dürfen – auch innerhalb des Leistungsträgers – nur Befugten zugänglich sein und nur an Befugte weitergegeben werden.

Das **E-Health-Gesetz** sieht vor, dass Arztpraxen und Krankenhäuser bis Mitte 2018 flächendeckend an eine noch in der Entwicklung befindliche Telematik-Infrastruktur angeschlossen sein sollen.

Es ist sicherzustellen, dass durch das Stammdatenmanagement, das eine Online-Prüfung und Aktualisierung von Versichertenstammdaten vorsieht, aktuelle Daten in der Arztpraxis vorliegen.

Wichtige Informationen über bestehende Allergien, Vorerkrankungen oder Medikationen eines Patienten sollen im Ernstfall schnell verfügbar sein.

Daten der Patienten (z. B. Arztbriefe, Notfalldaten, Daten über die Medikation) sollen in einer elektronischen Patientenakte bzw. in einem sogenannten Patientenfach für die Patienten bereitgestellt werden, damit die Patienten in der Lage sind, ihre Behandler über ihre wichtigsten Gesundheitsdaten zu informieren.

Im Patientenfach sollen auch eigene Daten wie z. B. ein Patiententagebuch über Blutzuckermessungen oder Daten von Wearables und Fitnessarmbändern, abgelegt werden können. Die im Patientenfach gespeicherten Daten sollen vom Patienten auch außerhalb der Arztpraxis eigenständig eingesehen werden können.

Beim Einsatz von E-Health- oder Lifestyle-Apps ist vor dem Download der App zum Umgang mit Gesundheitsdaten zu informieren. Die Datenschutzprinzipien der Zweckbindung und der Datensparsamkeit müssen hinreichend beachtet werden. Für das Erheben, Speichern und Verarbeiten von IP-Adressen, Online-Identifiern und/oder detaillierten Standortdaten ist in der Regel die Einwilligung des Nutzers einzuholen. Ihm muss außerdem eine Möglichkeit gegeben werden, diese Daten löschen zu lassen. Sofern pseudonyme Nutzerprofile zu Werbe- oder Marktforschungszwecken erstellt werden, ist in einer Datenschutzerklärung auf den Einsatz dieser Nutzerprofile transparent hinzuweisen. Außerdem muss dem Nutzer die Möglichkeit gegeben werden, hiergegen seinen Widerspruch (Opt-Out) zu erklären.

Die Verantwortlichkeit und Weisungsbefugnis hinsichtliche des Datenschutzes – insbesondere zwischen Krankenhaus bzw. Gemeinschaftsklinik und Ärzten – muss klar und rechtskonform geregelt sein.

Weiterführende Literatur

Albrecht, U.-V. (Hrsg.) (2016): Chancen und Risiken von Gesundheits-Apps (CHARISMHA). Medizinische Hochschule Hannover. Zitiert als: Albrecht/Höhn/von Jan 2016, S.

Bundesamt für Sicherheit in der Informationstechnik (BSI): eHealth - Die elektronische Gesundheitskarte. Aufgerufen am 27. Februar 2017: https://www.bsi.bund.de/DE/Themen/DigitaleGesellschaft/eHealth/eHealth_node.html Zitieren als: BSI Gesundheitskarte.

Bundesamt für Sicherheit in der Informationstechnik (BSI): Sicherheit in drahtlosen Sensornetzwerken / Informationssicherheit in Sensornetzwerken. Aufgerufen am 27. Februar 2017: https://www.bsi.bund.de/DE/Themen/DigitaleGesellschaft/DrahtloseSensornetzwerke/DrahtloseSensornetzwerke_node.html Zitieren als: BSI Sensornetzwerken.

Datenschutzgrundverordnung Auflage 2016. Zitieren als: DSGVO, §.

ePrivacy: ePrivacyApp, Abgerufen am 27.03.2017: https://www.eprivacy.eu/guetesiegel/eprivacy-app/. Zitieren als: ePrivacyApp.

Fangerau, H./Griemmert, M./Albrecht, U.-V. (2012): Kapitel 9. Gesundheits-Apps und Ethik; erschienen in Albrecht, U.-V. (Hrsg.) (2016), Chancen und Risiken von Gesundheits-Apps (CHARISMHA). Medizinische Hochschule Hannover 194–213. Zitieren als CHARISMHA2016: Kapitel 9, S.

Johner, Christian (2014): Datenschutzgesetze im Gesundheitswesen: Aufgerufen am 27. Februar 2017: https://www.johner-institut.de/blog/gesundheitswesen/datenschutzgesetze-im-gesundheitswesen/ Zitieren als: Johner 2014.

Sozialgesetzbuch (SGB) Fünftes Buch (V). Zitieren als: SGB Fünftes Buch, §.

Public Health Institute Center for Connected Health Policy: mHealth Laws and Regulations, Abgerufen am 23.12.2016: http://www.cchpca.org/mhealth-laws-and-regulations. Zitieren als Public Health Institute.

Symantec: Roots of Trust, Abgerufen am 03.03.2017: http://www.symantec.com/rot/. Zitieren als: Symantec.

TRUEVAULT: HIPAA COMPLIANCE FOR HEALTH APPLICATIONS, Abgerufen am 23.12.2016: https://www.truevault.com/hipaa-compliance.html. Zitieren als TRUEVAULT HIPAA.

TRUEVAULT: How do I become HIPAA compliant?, Abgerufen am 23.12.2016: https://www.truevault.com/blog/how-do-i-become-hipaa-compliant.html. Zitieren als TRUEVAULT compliant.

TRUEVAULT: HIPAA Physical Safeguards Explained, Abgerufen am 23.12.2016: https://www.truevault.com/blog/hipaa-physical-safeguards-explained-part-1.html. Zitieren als TRUEVAULT Safeguards.

U.S. Department of Health & Human Services:Summary of the HIPAA Security Rule, Angerufen am 23.12.2016: https://www.hhs.gov/hipaa/for-professionals/security/laws-regulations/index.html. Zitieren als HHS.

© Springer Fachmedien Wiesbaden GmbH 2018
C. Bauer et al., *E-Health: Datenschutz und Datensicherheit*,
https://doi.org/10.1007/978-3-658-15091-4

U.S. Department of Health & Human Services: HITECH Breach Notification Interim Final Rule, Angerufen am 23.12.2016: https://www.hhs.gov/hipaa/for-professionals/breach-notification/laws-regulations/final-rule-update/HITECH/index.html. Zitieren als HHS HITECH.

World Health Organization (WHO) (2016): Health topics: eHealth. Aufgerufen am 11. November 2016: http://www.who.int/topics/ehealth/en/. Zitiert als: WHO 2016.

Virks, Anke & Ulrich Vollmer. 2014. Die Quadratur des Kreises Moderne Krankenhausbehandlung und informationelle Selbstbestimmung. In Datenschutz und Datensicherheit 12/2014 Seite 811–815. Zitieren als: Virks 2014, S.

Printed in the United States
By Bookmasters